外国人しか知らない日本の観光名所

東大カルペ・ディエム

星海社

302
SEIKAISHA SHINSHO

はじめに

「北海道の青い池は世界的に有名だから、行ったことあるよね？」
「なんで日本人なのに徳島県のかかしの里を知らないの？」
「日本人なら錦鯉《にしきごい》がどこで買えるかわかるよね？」

外国の方と話していると時々このようなことを言われ、われわれ日本人が知らない、外国人しか知らないもう一つの日本があることに気づかされます。長く住んでいるのに、あるいは住んでいるからこそわれわれ日本人には見えない日本の地域や文化が数多くあるのです。そういった日本の埋もれた魅力が現在、年間２５００万人を超す外国人訪日旅行者（インバウンド）によって次々と発掘されています。

アメリカを代表する新聞『ニューヨーク・タイムズ』では２０２３年、「今年は盛岡が熱い」という記事が掲載されました。それを見たたくさんの外国人が盛岡を訪れたところ、盛岡の人が「えっ、なんでこんなところに外国人が⁉」と驚いたといいます。盛岡の人より外国の人の方が、盛岡の魅力に気づいているのです。同じような現象は今、日本のいろいろな地域で起こっています。

そういった「外国人しか知らない日本」を、この本で日本のみなさんに紹介したいと思います。

観光は、「光を観る」と書きます。そして「光」は、自分で光っているつもりがなくても、相手が見出す場合だってあるのです。その地域に住んでいる人たちにとっては、自分の地域の面白さは意外とわからないものです。

昔、筆者が長崎県の波佐見町《はさみちょう》という焼物で有名な地域の中学校に行ったとき、「この地域には何もないよ」と言う地元の人に、「波佐見焼があるじゃないか」と反論したら、ポカンとした表情を浮かべられたことがあります。波佐見町ではその焼物が当たり前すぎて、他の地域にはない良さだということが意識されていなかったのです。

このように、私たち日本人からすれば当たり前のことも、外国人から見ればユニークに映ることがあります。逆にいえば、外国人が面白く感じることを、私たちはまだ発見できていないかもしれません。

例えば、徳島の「かかしの里」はあるドイツ人の留学生が「かわいい人形がたくさんいる村がある」と動画をアップロードして、一躍人気の観光名所になりました。

ドイツには昔話のような風景で有名なメルヘン街道があります。人形などに造詣が深いドイツ人の感性で徳島のかかしを見たからこそ、「かわいい」と思ったのでしょう。そのドイツ人が発見するまで、かかしの里のかかしを「かわいい」という感性で捉え、価値あるものだと考えて発信する人はいなかったのです。このように、たとえ知っているものであっても、外からの一言によって見方が一転することがあるのです。

日本人が日本の魅力を実は知らない、知っているものだけど実は気づいていない魅力がある――これは非常にもったいないことです。

そこで本書では全国各地の「外国人しか知らない日本」を調査し、なぜそれが世界で知られるようになったのか、どのような外国人からの人気を集めているのかを解説しました。「この観光地は有名だから多くの日本人が知っているよ」というスポットでも、あまり日本人が気づいていない角度の魅力がある、外国でユニークな注目のされ方をしているものに関しては取り上げています。

日本には、一冊の本では紹介しきれないほどたくさんの魅力が眠っています。この本を読んでくださったみなさんが、ご紹介した観光名所を実際に訪れ、さらには地元の魅力を再発見するヒントが見つかればと思っております。

目次

第2章　関東地方の知られざる観光名所

第3章　中部地方の知られざる観光名所

第5章　中国・四国の知られざる観光名所　

第6章　九州・沖縄の知られざる観光名所

第1章

北海道・東北の

知られざる観光名所

北海道・東北地方といって、みなさんの頭の中に浮かぶイメージは真っ白な雪景色でしょうか。それとも数々の歴史あるお祭りでしょうか。

北海道は「さっぽろ雪まつり」に代表されるように、雪やウィンタースポーツが大きな観光資源です。それは外国人にとっても同じで、特に雪が降らない国から訪れる人、ウィンタースポーツをしたことがない人から大人気です。雪でできた家の中で一日を過ごしたり、雪の結晶が織りなす幻想的な風景を楽しんだり、雪国ならではの経験ができることでしょう。

しかし、北海道の魅力が発揮されるのは冬だけではありません。「白金《しろがね》青い池」は青い水面が自然に映える様子がフォトジェニックだと話題になり、一躍世界的な景勝となりました。北海道はその広大な土地に、雄大な自然という観光資源を持っているのです。

東北地方も北海道と同じく雪深い場所が多く、四季折々の景色が見られることから自然を楽しみにくる旅行者も多いです。加えて、東京から簡単にアクセスできる東北地方は日本観光の穴場として外国人から人気を集めています。確かに、東北には温泉や食文化など魅力がたくさん詰まっていますよね。その中でもとりわけ話題なのは東北の伝統文化です。

例えば、東北三大祭りにも数えられる「青森ねぶた祭」。夏に行われるねぶた祭はもちろん大人気ですが、行くタイミングをお祭りと合わせられない人でも、実際に使われているねぶたを見られ、実演もある博物館があります。東北三大祭りほど大規模でなくても、外国人も神輿《みこし》担《かつ》ぎに参加できるとして注目を集めているお祭りもあります。

この章では、北海道・東北エリアだからこその雪にちなんだ観光地はもちろん、このエリアならではの歴史や文化に触れながら、外国人から見た北海道・東北エリアの魅力をご紹介していきます。

北海道

ニセコ

最高の雪質で世界のリゾートに

北海道「ニセコ町」。ここは人口約5000人の小さな町であるにもかかわらず、年間10万人以上の外国人観光客が訪れる、とんでもない町です。冬になると、外国人観光客がこぞってスキーをするためにニセコを訪れるのです。

ニセコ町が発表しているデータによると、2002年の段階では外国人観光客は年間1万2000人程度。ここ数年で10倍近く膨れ上がったのです。そして、内訳はオーストラリア人が1番で香港人が2番となっています。香港人は日本を旅行先に選ぶこ

北海道　ニセコ　© 株式会社ニセコリゾート観光協会提供

とが多いですが、オーストラリア人は日本を訪れること自体そこまで多くありません。ここにニセコ人気の謎を解く鍵があります。

なぜ、ニセコの観光客はここ数年で飛躍的に増えたのでしょうか？　そして、一体なぜオーストラリア人ははるばるニセコまでスキーをしに来るのでしょうか？

人気の理由

ニセコに来ているオーストラリア人は、「ニセコは雪質が最高なんだ」と言います。軽くてふわふわしていて、「世界一軽い」「シルキーパウダー」とも評されるスキーに最適なパウダースノーがニセコには積もるのです。驚きなのは、それを見出したのが外国人観光客だったこと。北海道・ニセコ近辺に暮らしていた人にとっては、ニセコの雪は「普通の雪」でしかありませんでした。しかし、オーストラリアから来た人が「ここの雪は最高だ」と感じ、ニセコの良さが口コミで広がっていったのです。まさに、オーストラリア人がニセコの「光を観た」のです。

やがて、オーストラリア人を中心として続々と観光客が訪れるようになり、日本に行きやすいアジア人観光客もニセコを多く訪れるようになりました。次第にアジア人富裕層の人気も高まり、2024年現在ではオーストラリア人に次いでニセコを訪れているのは香港人です。現在、ニセコエリアでは香港のデベロッパーがリゾートの建設を行っており、香港系の施設も目立つようになってきています。

注目ポイント

現在ニセコは、「日本の中の外国」と呼ばれるほど外国人が多い町となりました。近隣住民は「あのニセコが高級リゾートになるなんて!」と驚いています。その最初のきっかけが、「口コミ」だったというのが面白いポイントです。

北海道

然別湖《しかりべつこ》コタン

冬にだけ現れる氷上の村

北海道の鹿追町《しかおいちょう》に位置する「然別湖」。知名度もあまり高くなかったこの湖ですが、近年、ここで冬に開催される「然別湖コタン」の人気が急上昇しています。コタンとはアイヌの言葉で「集落・村」を表します。然別湖は冬になると結氷しますが、その凍った湖の上に氷と雪だけでたくさんの「イグルー」（建造物）が作られ、露天風呂やバーなどを体験することができるのです。冬になると、人口約５０００人のこの町に、１ヶ月半だけで４万８０００人もの人が訪れるのだそうです。

北海道　然別湖コタン　公益社団法人北海道観光振興機構 WEB サイトより

イグルーの中に作られたアイスバーは雪と氷だけで作られたとは思えないほど充実しており、お酒やホットドリンクなどさまざまなドリンクが楽しめます。特に氷でできたグラスに注がれるオリジナルカクテルは格別です。バーの中にはコンサートホールもあり、週末にはイベントが開かれます。お酒を飲んで一息ついたら、次は氷上の温泉や足湯に浸《つ》かりながら絶景を眺めてのんびりします。マイナス11度の極寒の中で浸かる温泉は絶品です。体の芯《しん》から温まった後はイグルーに泊まることもできます。ベッドでさえ氷で作られているのだから驚きです。

人気の理由

この然別湖コタンは、雪が滅多に降らない南国である台湾の人からの人気が非常に高いです。人気のあまり、毎年然別湖コタン作りボランティアに多くの台湾人が参加するほどです。

なお、冬の体験プログラムで一躍有名となった然別湖ですが、夏にはムササビになって空を飛ぶなどさまざまな体験型アクティビティがあるのも然別湖の魅力の一つです。

注目ポイント

然別湖コタンの驚くべき点は、最初は「遊び」で始めたということ。冬季に凍ってしまう湖をもったいないと思い、湖畔《こはん》のホテルの従業員が協力してかまくらを作り、湖上で飲んだり遊んだりしたのが最初だといいます。するとすぐに話題となり、翌年にはテレビ中継のオファーが来て、それを見た鹿追町が町公認のイベントにするよう提案したそうです。そこからだんだんと規模が大きくなり、今のような国際的イベントにまで成長しました。

北海道

白金青い池

Macの壁紙で一躍有名に

北海道には「青い池」と呼ばれる池があります。白金温泉の近くにある白金青い池は、元は十勝岳《とかちだけ》の防災工事で作られた人工的な池でした。堰堤《えんてい》にたまった水が、不思議と綺麗なコバルトブルーをしていたため、いつしか「青い池」という名前がつけられたのです。

青い池が一年を通して青色をたたえるのは、水源である美瑛川《びえいがわ》の支流や近隣の名所である白ひげの

北海道　白金青い池　公益社団法人北海道観光振興機構 WEB サイトより

滝に含まれる硫黄《いおう》などの温泉成分と、アルミニウムなどを含んだ水が混ざって形成されたコロイドの反射のためです。太陽の光と水中の粒子が衝突すると、いろいろな方向に光が反射します。池の中の粒子が通常の水分子よりも大きいので波長の短い青い光が散乱し、青く見えると言われています。池の水面に突き出るカラマツや白樺の木々とともに、四季折々の表情を見せる白金青い池は外国人を魅了してやみません。

人気の理由

青い池は、夏には緑が生《お》い茂る中に真っ青な池を、冬は一面真っ白な雪景色の中に見事なコバルトブルーの水面を見ることができます。さらに夜にはライトアップされ、昼とは違って凍てついた風景が青い蛍光灯で照らされるのです。白金青い池は北海道随一のフォトスポットであり、フォトジェニックな写真が撮れるとしてインスタグラムをはじめとするＳＮＳで話題になっているのです。あまりに幻想的なこの風景を、おとぎ話の世界のようだと表現する人もいるほどです。

注目ポイント

みなさんの中に「白金青い池の写真を見たことがある」という人も少なくないかもしれません。実はこの白金青い池の写真は2012年、MacOSの公式壁紙に採用されたのです。それをきっかけに白金青い池は全世界から注目される人気の観光地となりました。

さらに先ほども紹介しましたが、白金青い池の周辺には、白ひげの滝と言われる滝があります。池の源流である美瑛川も綺麗な青色をしており、ブルーリバーと言われるほど。そんなコバルトブルーにきらめく美瑛川に約30メートルの高さから地下水が勢いよく流れ落ちる白ひげの滝は思わず息を飲むような美しさがあります。青い池は、近隣の絶景と一緒に楽しめるのもポイントです。北海道なので、冬には滝からの水しぶきや湯気が霧氷を形成し、雪と岩肌、そして川の色のコントラストがより幻想的な風景を見せてくれます。

さらに、白金温泉からその迫力を間近に感じられるのも楽しみの一つ。温泉から楽しめる大自然というのも、青い池や美瑛川、白ひげの滝が人気を集める理由でしょう。

北海道

札幌《さっぽろ》もいわ山ロープウェイ

フィリピン映画の舞台になった日本の夜景

札幌市の中央に位置する藻《も》岩《いわ》山《やま》。標高５３１メートルと、町中にあるにしてはかなり大きな山ですが、この山の頂上からは札幌市内や日本海、石狩《いしかり》湾を一望できる素晴らしい景色を見ることができます。そして、山の頂上へ続く道にかかっているロープウェイこそが、外国人観光客に人気の「札幌もいわ山ロープウェイ」です。

北海道　札幌もいわ山ロープウェイ　株式会社札幌振興公社 WEB サイトより

山のふもとから中腹まではロープウェイか自動車道を利用してのぼり、中腹から山頂までは「もーりすカー」というケーブルカーに乗ってのぼります。もちろん、登山道も整備されているので、歩いての登山も可能です。

料金は2024年現在で、大人が往復2100円、子供が1050円。所要時間は、ロープウェイが5分程度で、ケーブルカーが20分程度。ロープウェイとケーブルカー込みの料金なので、この料金を支払えば手ぶらで登山して眺望を楽しみ、下山できます。500メートル台とはいえ、そこそこ大きな山であることを考えれば、この料金で山頂までの往復が可能なのは破格といえましょう。

人気の理由

2017年の『ニューヨーク・タイムズ』でもいわ山ロープウェイが紹介され、そこから人気に火が付きました。記事内では「夜のエンターテイメントならば藻岩山の頂上から望める夜景に勝るものはない」と紹介されており、「日中もさることながら、夕方以降に見られる、何キロにもわたって続く都市の輝きは素晴らしい」と褒めたたえられています。

そんな藻岩山ですが、フィリピン映画『Kita Kita』のメインの舞台となっていたことを知っている方は少ないでしょう。実はアジア圏では今、日本を舞台とした映画が流行っており、残念ながら日本で公開されている作品は少ないものの、そうした映画の影響力には多大なるものがあります。

また、夜景はインスタグラムやユーチューブとの相性もいいので、インフルエンサーの影響力増大とともにインバウンドが激増しています。

注目ポイント

藻岩山は2012年の「恋人の聖地」に認定されており、頂上展望台にある「幸せの鐘」も有名です。日本人の中にはこれを目当てに訪れる観光客も多く、「永遠に離れない」という願いが込められた「愛の鍵」がずらりと並んでいます。

青森

ねぶたの家 ワ・ラッセ

一年中ねぶた祭を体験可能

青森の伝統文化といえば「ねぶた祭」です。ねぶた祭は東北三大祭りの一つに数えられる青森の伝統的な祭りで、「人形ねぶた」と呼ばれる山車の後に跳《はね》人《と》が「ラッセラー！　ラッセラー！」という掛け声とともに街を練り歩くものですが、その祭りを実際に見たことがある人は一体どのくらいいるでしょうか？

教科書やニュースではよく見かけますが、年に一

青森　ねぶたの家ワ・ラッセ　青森県観光情報サイト Amazing AOMORI より

度、6日間しか開催されないとなってはなかなか足を運ぶのは難しいですよね。ところが、そのねぶた祭を一年中体験できる場所があるのです。それが「ねぶたの家ワ・ラッセ」（青森市文化観光交流施設）です。日本人で知っている人は少ないかもしれませんが、より青森に行く機会の少ない外国人に、いつでもねぶたを体験できると人気なのがこの施設です。

人気の理由

ねぶたの家ワ・ラッセは2011年にできた比較的新しい施設で、一年中ねぶた祭を感じられるようになっています。JR青森駅のすぐそばにあるこの施設は2階がミュージアムになっており、ねぶた祭の歴史を深く学ぶことができます。そして1階にはメインの展示場があり、実際の祭り本番で使われたねぶたを間近に見ることができます。館内には三味線やねぶた囃子《ばやし》など和楽器によるBGMが流れており、まるでねぶたの海を歩いているかのような体験ができます。ねぶたの作り方から過去の優秀作品まで展示してあるこの施設は、単なる博物館を超えて、まるでねぶた祭に来ているようだと好評なのです。

注目ポイント

竹とワイヤーで骨を組み、紙をはって作られるねぶたはその題材が中国の神話や日本の偉人に基づいていることも多いのです。そのため、素材やモチーフを学ぶため、ねぶた祭に参加する人が準備のために訪れることも少なくないようです。

また、毎日イベントを行っているのも観光客にとっては嬉しいポイントです。過去のねぶた祭の映像の上映会や体験会を毎日行っています。その中でも特に人気があるのは跳人・囃子体験で、運が良ければ小さなねぶたを作れることもあります。時期や天候を気にすることなく、いつでもねぶた祭の非日常に没入できることからワ・ラッセが支持を集めているのでしょう。

岩手

NAGASAWA COFFEE

世界に知られた盛岡のコーヒー

盛岡駅からバスで少し行ったところで営業しているコーヒー店「NAGASAWA COFFEE」。ここでは、店主がコーヒー生豆の仕入れ、焙煎《ばいせん》、抽出、提供までを一貫して手がけているこだわりのコーヒーを楽しむことができます。店主の長澤さんは2019年に「コーヒーの仕事を通じて世界を変えている20人」としてコーヒーメディア『SPRUDGE』に日本人で初めて選出されるほど、コーヒー

岩手　NAGASAWA COFFEE　Nagasawa COFFEE公式サイトより

に情熱を注いできた人物です。市場規模が決して大きいとは言えないこの盛岡の地から、全世界に認められるようなコーヒーを作り続けられる秘訣《ひけつ》とは一体何でしょうか。

人気の理由

この店が海外の人に広く認知されるようになったのは、『ニューヨーク・タイムズ』紙の「2023年に行くべき52の場所」に盛岡が取り上げられたことがきっかけでした。盛岡の魅力を語る上で、他にもいくつかのスポットが取り上げられましたが、その中でも特に熱量が込められたのがこのNAGASAWA COFFEEです。個人で輸入したドイツ製のヴィンテージ焙煎機を使うために店を改装した、というエピソードからもうかがえるように、自分の味に妥協《だきょう》しない姿勢が認められたのでしょう。インスタグラムで調べても、出身や国籍にかかわらずさまざまな人がNAGASAWA COFFEEのコーヒーを楽しんでいる様子がたくさん投稿されています。

注目ポイント

盛岡の空気と落ち着いた空間デザインもさることながら、世界中の人々を惹きつけるのはなんと言ってもそのコーヒーのクオリティです。伝統的な深煎りコーヒーに縛られたり、流行にとらわれたりすることなく全ての人がコーヒーを楽しめるよう、自分の足を使って得た知識でさまざまなコーヒーを展開しています。実際に産地に足を運び、自身で仕入れているからこそ「どうしたら盛岡に馴染《なじ》むのか」「どうしたら全ての人を幸せにできるのか」を考え抜けるのでしょう。全ての人に合ったコーヒーを提供するため、店のオリジナルコーヒーをあえて「スペシャリティ」と呼ばないのだといいます。コーヒーのクオリティにこだわりたいからこそ、全国展開はせず盛岡の一店舗だけの営業に留めているそうです。公式サイトから長澤さんこだわりのコーヒーを取り寄せることもできるので、気になった人はぜひ試してみてください。

秋田

田沢湖《たざわこ》・角館《かくのだて》

日本らしさがコンパクトに集まる地域

秋田県の仙北《せんぼく》市を訪れる外国人観光客は、コロナ前の2014年から2019年の間に約3倍に増加しており、外国人人気が急激に高まっています。仙北市を訪れる人の多くは、「田沢湖」や「角館」を目当てとしています。

角館は江戸時代に栄えた城下町で、武家屋敷の街並みには江戸時代の情緒が感じられます。石黒家や青柳家など、多くの家や庭園が観光客に公開されていて、角館の伝統工芸や古文書史料など、日本の歴史を感じられるものがたくさん展示されています。

秋田　田沢湖・角館　田沢湖角館観光協会公式サイトより

なかでも、青柳家では実際に刀を持ってその重みや手触りを感じたり、鎧の着用体験ができたりするなど、実際に歴史に触れられるような試みがなされています。

また、仙北市にある田沢湖は、日本一水深が深い湖として有名です。透明度が高い湖で、キラキラと光を反射する瑠璃《るり》色の湖面が見どころの観光地となっています。

田沢湖の近くの乳頭《にゅうとう》山麓には、乳頭温泉郷と呼ばれる七湯が点在しています。七湯めぐりの温泉浴は万病に効くと言われていたり、自然を感じながらブナの森をウォーキングできたりすることから、湯治の場としての人気がある温泉地です。

人気の理由

仙北市は春の観光客数が最も多いです。「角館の桜まつり」が特に人気だからです。角館にある檜木内《ひのきない》川沿いには、2キロメートルにも及ぶソメイヨシノの桜並木が続いており、桜の名所として有名です。他にも、風情ある街並みが楽しめる武家屋敷には、約400本ものシダレザクラが咲き誇り、より一層日本を感じられる景色になっています。

また、角館町で嘉永六年つまり1853年から続く「安藤醸造」も人気の観光地となっています。ここでは、角館で受け継がれてきた味噌・醤油・漬物を製造していて、伝統的な日本の味を楽しめる場として外国人から人気を集めています。安藤醸造で作られた味噌を使った「味噌マカロン」は、味噌の塩気が甘さを引き立てて、可愛らしい見た目でも人気を得ているスイーツです。この他にも、あんみつや団子といった和スイーツを楽しめる店が並んでおり、歴史ある武家屋敷通りを楽しみながら、甘いお菓子をたくさん楽しめる場所になっています。

このように、さまざまな日本らしさが集まっているのがこのエリアの人気の理由です。

注目ポイント

昔の街並みを楽しめる武家屋敷、伝統的な角館の味噌を使った味噌マカロン、シダレザクラに田沢湖にブナの森の散策、七湯をめぐる乳頭温泉郷など、仙北市は歴史・甘味・自然・温泉と、日本ならではの観光をくまなく楽しむことができる観光地として外国人に愛されています。どの景物も日本人にとっては馴染みのありすぎる当たり前のものなので、この地の魅力が外国人によって発見されたのも納得です。

宮城

瑞鳳殿《ずいほうでん》

絢爛な神道建築・霊屋《おたまや》

仙台駅から車で10分ほどのところに、豪華絢爛《けんらん》なまるで神殿のような建物があるのをご存じでしょうか？

この「瑞鳳殿」は、仙台藩祖である伊達政宗《だてまさむね》の亡くなった翌年に、その遺命によって造営された霊屋と呼ばれる建物です。霊屋とは、先祖の霊や貴人の霊を祀《まつ》っておく殿堂のことで、先祖の遺体を地下の墓室に埋葬した後、その上に死者を祀る殿堂を建て、その内部には本尊を祀るための須弥壇《しゅみだん》を置き、また生前の輝かしい姿を表す木像も周りに安置されてい

宮城　瑞鳳殿　一般社団法人東北観光推進機構公式サイトより

ます。瑞鳳殿は本殿、拝殿、御供所、涅槃門《ねはん》からなり、涅槃門には珍獣である麒麟《きりん》や牡丹《ぼたん》、唐獅子《からじし》が描かれています。

他にも二代藩主伊達忠宗《ただむね》の霊屋である感仙殿《かんせんでん》や三代藩主伊達綱宗《つなむね》の霊屋である善応殿《ぜんのうでん》もあり、共に焼失した過去を持つものの、綺麗に復元されています。歴史を学べる資料館やその土地で修行をしていたと言われる高僧の墓である満海《まんかい》上人供養碑、弔魂碑《ちょうこんひ》などがあり、いずれも墓地であるものの、埋葬されている人ごとに異なる装飾を鑑賞することができます。

人気の理由

瑞鳳殿は桃山文化を色濃く反映した廟《びょう》建築として、1931年から国宝に指定されている建造物です。しかし第二次世界大戦の際、仙台大空襲によって焼失してしまいました。戦後1979年に立て直され、2001年に更なる改装を経て当時の様子が忠実に再現されたのが今の瑞鳳殿です。

日本で霊屋を観光地として開放していることは珍しく、その代表格がこの瑞鳳殿です。神道の建物でありながら、故人を祀るために色とりどりの装飾に囲まれた瑞鳳殿は、日本の神社仏閣をめぐっている外国人にとって物珍しく、非常に人気になっています。
また建物の美しさで言うと、瑞鳳殿の真の美しさは秋に発揮されます。紅葉の時期には鮮やかな赤や黄色で彩られ、夜にはライトアップもされるため、純粋に雰囲気を楽しんでいる外国人も多いようです。

注目ポイント

華やかな見た目とは裏腹に、多くの命が眠っているのも瑞鳳殿の特異な点です。当時は「追腹《おいばら》」という、死んだ主君のあとを追って家臣が切腹する文化がありました。武士ならではの「忠臣は二君に仕えず」という価値観のもと、生前に主君から許可を得たもののみ死んだ主君の後を追って自殺したのだといいます。彼らの墓も殉死《じゅんし》者供養塔（宝篋印塔《ほうぎょういんとう》）として建てられています。こうした殉死を美徳とした日本の価値観に心を動かされる外国人がこの場所を訪れているのです。

山形

蔵《ざ》王《おう》・スノーモンスター

日本とドイツにしかない自然現象

宮城と山形の境目に位置する蔵王町。冬の蔵王には、無数の白い怪物が姿を現します。この白い怪物、通称「スノーモンスター」は、12月から3月の間に見ることができる、自然が創り出した芸術品です。樹氷とも呼ばれるモンスターの正体は、氷点下5度以下になった水蒸気や水滴が、樹木に吹き付けられて凍り付き、その隙間から雪が入り込んで固まってできたものです。今、このスノーモンスターが外国

写真ACより

人に大人気なのです。

人気の理由

主要な観光地から決して近いとは言えず、アクセスは簡単ではないのに、スノーモンスターの時期になるとアジアや欧米などさまざまな国の人がこの地域に足を運びます。スキー場は他にもあるのに、なぜわざわざ蔵王を選ぶのでしょうか？

このスノーモンスター、実は非常に厳しい条件下でしか見られない貴重なものなのです。厳密な意味でのスノーモンスターはなんと、日本の一部の積雪地帯とドイツのシュバルツバルトでしか見られないというから驚きです。

針葉樹に対し、過冷却水滴が常に一定方向に吹き付けられて形成された樹氷は、見た目の不気味さからスノーモンスターと名付けられましたが、外国人の中にはピーナッツのように見えると投稿する人もいるほど親しまれています。

注目ポイント

スノーモンスターの貴重さもさることながら、この蔵王では蔵王温泉スキー場として、温泉もスキーも一気に楽しむことができるのが観光地としての魅力です。スノーモンスターに囲まれながら斜面を滑り降り、その後は日本ならではの温泉で体の芯から温まる。そんな経験は他のスキー場では味わえないでしょう。

また、蔵王ロープウェイには樹氷幻想回廊ツアーというナイトクルーザーのツアーもあります。このツアーでは暖房付きの雪上車に乗って、ライトアップされたスノーモンスターたちや霧氷と呼ばれる木々に小さな氷の結晶が無数についた様子を間近で見ることもできます。他にも周囲を360度スノーモンスターに囲まれた展望台や、スノーモンスターの斜面を眺めながら日本料理を楽しめるレストランなど、貴重な観光資源を大いに活用しているのが蔵王なのです。

福島

飯坂《いいざか》八幡神社・飯坂温泉

祭り体験の発信で国際観光地に

福島は2011年の原発事故により、外国人にとってはマイナスイメージがあることは否定できません。そんな中、福島で外国人観光客が増加している地域があるのをご存じですか？

それが飯坂なのです。飯坂といえば飯坂温泉が有名ですが、もう一つ有名なのは飯坂八幡神社で行われている「飯坂けんか祭り」です。これは大阪の岸和田だんじり祭、秋田の角館のお祭りと並ぶ日本三

福島　飯坂八幡神社　写真ACより

大けんか祭りの一つであり、その起源は古く12世紀まで遡《さかのぼ》るとまで言われています。神輿と屋台が共に街を練り歩いたのが祭りの原形だそうですが、けんか祭りと言われるほど激しくなったのは昭和に入ってから。神社に神輿が納まると祭りは終わってしまうため、それを寂しく思った2つの屋台が互いにぶつかって今のような迫力のある行事になったのだといいます。現在は6台の屋台がぶつかり合うようになっており、太鼓の音に煽《あお》られ大勢の若衆がぶつかり合う様子は圧巻です。毎年10月になるとこのけんか祭りを見に、飯坂をたくさんの外国人が訪れます。

人気の理由

飯坂けんか祭りが外国人に人気となった理由の一つは、外国人が「祭り体験」をできるからかもしれません。福島市はインバウンド政策に力を入れており、その一環として留学生などが神輿を担げる機会を祭りに合わせて設けているのです。海外の人にとって珍しい文化であるお祭りを体験する場を設けることが、祭り自体の認知度や魅力につながるのです。

注目ポイント

飯坂地方に旅行に行くなら見逃せないのが飯坂温泉です。飯坂温泉の名物は9つの共同浴場で、福島の注目スポットとしてアメリカのテレビ局CNNで紹介されているほどです。温泉テーマパークなどとは異なり地元に根付いた素朴な温泉施設で、松尾芭蕉《ばしょう》も訪れたといわれる温泉や、ヘルニアや皮膚《ひふ》炎に効く温泉など、それぞれ異なる個性を持つ温泉があります。熱いお湯が苦手な人でも楽しめる低温度の温泉や足湯など、温泉文化に馴染みがない外国人でも楽しめるのが国際的な人気の理由でしょう。

飯坂温泉のもう一つの特徴はその温度です。地元の人は「熱くないと温泉じゃない」というくらい飯坂温泉は温度が高いのです。中には50度を超える温泉もあり、海外の人からは日本人が我慢して入っているようにしか見えないとも聞こえてくるほどですが、みなさんもぜひ一度体験してみてはいかがでしょうか。

章間コラム

これで1章の北海道・東北地方編は終わりです。2章に進む前に「章間コラム」として、特定の地域に限定されるわけではないけれども、外国から見るとユニークで面白さを持つ日本文化の数々をご紹介していきたいと思います。

学校文化

子供を学校に通わせるのは国民の三大義務の一つです。日本では義務教育が小学校6年、中学校3年と定められており、この年数だけ学校に通わなければいけません。

日本の学校に通ってきたみなさんには、それぞれ自分の「学校あるある」を胸に秘めているはずです。「プールの後の授業は眠くなる」「給食で不人気なメニューだけ余る」などなど……。これらは日本の小学校、中学校に通っていた方ならば、誰しも共感するはずです。

ですが、海外と比べると日本の学校文化は驚くほど特殊です。例えば給食もそうです。給食のある国は多いのですが、それを学校で調理している例は世界的に見ても珍しいのです。小中学生の頃、学校に給食のおじさんおばさんがいて、毎日おいしい給食を作ってもらっていた記憶があるかと思いますが、それは、世界的なスタンダードではないのです。

また、通学方法についても違いがあります。日本では通常、歩いていける範囲に学校があります。そのため、「登校班」を組んで集団で登下校した思い出がある人も多いはずです。しかし、海外ではスクールバスを使って学校が送迎を請《う》け負うことが多いのです。日本人からすれば「なんて贅沢な」

と感じられるかもしれませんが、逆に海外の人からすれば「子供を歩いて学校に行かせるなんて危ない」と感じるのです。つまり、海外には治安が悪い地域も少なくなく、集団とはいえ子供だけで朝夕の時間帯に出歩かせるのは危険なことも多いのです。

もっと珍しいのは掃除の時間です。日本の生徒からすれば、昼休みや放課後になったら机を教室の端に寄せて掃除を始めるのは当たり前に感じるでしょう。しかし、海外の学校では多くの場合、生徒は掃除をしません。専門の清掃員を雇っているので、掃除をさせる必要がないのです。

このように日本の学校は世界的に見ると特殊なことも多いですが、その中には日本文化の根底をなしていると思われるものもあります。一例を挙げると最後に紹介した掃除の文化などは、「自分で使ったものは自分で片づける」という日本の美意識を形作っているようにも見えます。世界からも驚かれる日本人のきれい好きは、こうしたところから育まれているのかもしれません。

自動販売機

私たちは普段、自動販売機でペットボトルや缶の飲み物を購入しています。寒い冬には温かい飲み物が、暑い夏には冷たい飲み物が手に入ってうれしいですよね。しかし、日本では子供から大人まで誰もが当たり前に使っている自動販売機ですが、なんと海外では普通のことではありません。

そもそも海外には自動販売機がほとんど置かれていないのです。大きな問題はセキュリティ上のもので、自動販売機が丸ごと盗まれたり、商品やお金目的で壊されたりする事件が多く発生しているのです。このような例と比べると、日本はとても治安がよいことがわかるでしょう。盗難被害を差し引いても、自動販売機の利用にまつわるトラブルはたくさんあります。海外では自動販売機を使うときにお札を使う人は少なく、それはお札を入れてもおつりが返ってこないことがあるといわれているため。そのため、なるべくちょうどの金額を払うために小銭を使う人が多くいます。

他にも違いはあります。例えば、海外の多くの国では温かい飲み物と冷たい飲み物は別々の自動販売機で売られていて、1つの自動販売機で両方の飲み物を買うことはできません。しかし、日本では当たり前に温かい飲み物と冷たい飲み物の両方が買えます。

海外でも日本の技術を取り入れればいいと考える人もいるかもしれませんが、それが実現しないのはコスト面の理由があるといわれています。治安があまりよくなく、盗難にあったり破壊されたりするリスクを見越して考えるなら、高価で精密な自動販売機を導入するより、安価で原始的な機械のほうがいいという結論にも納得できます。

このように、日本人は何気なく使っている自動販売機ですが、実は、日本の治安の良さによって支えられているユニークなインフラなのです。

プリクラ

プリントシール機、通称「プリクラ」は1995年に日本で誕生し、それから30年が経とうとする令和の時代でも女子高生を中心にさまざまな年代の人々に愛されています。

プリクラは芸能人やインフルエンサーが作り出した流行とともにいろいろな機能が追加され、進化してきました。いまや目を大きく見せたり、肌の色を白く見せたり、足を細くしたり、髪色を変えることも、落書きをすることもできます。このような加工技術を駆使して写真を自分の理想像に近づけることを日本人は「盛る」と呼びます。そして「盛る」文化を助長しているのがプリクラだといえるでしょう。

約30年前から日本国内で大人気のプリクラですが、海外ではあまりその名を聞きません。なぜ海外ではあまりヒットしなかったのでしょうか。

実は、プリクラ事業を営むフリュー社は、2015年までにプリクラの海外進出を目指し、アメリカでテストマーケティングを行っていました。しかし、残念ながら日本のプリントシール機は米国では受け入れられないという結論に至ったのです。

主な理由は3つあります。1つ目は海外の女子中高生は日本とは違っておこづかい制ではないケースが多く、自分で自由に使えるお金を持っていないので、放課後におこづかいでプリクラを撮れないこと。加えて2つ目、プリクラは放課後に家路につくまでの数時間に撮られることが多いのですが、スクールバスや車などで通学して寄り道をしない海外の学生には合わないこともあります。そして3つ目、プリクラはユーザーのニーズ増大に伴い、トレンドや流行を取り入れて機械が進化してきましたが、複雑化するシステムは新規参入のハードルをあげてしまいます。一見すると日本人にとってはメリットに見える点が、海外展開に際してはネガティブに働いてしまうのです。

このように海外ではあまり見られないプリクラが、今後観光資源として注目される日が来ることもあるかもしれません。

第2章

関東地方の
知られざる観光名所

関東地方は日本で最も人が集まっている地域といえますが、その1つの原因は地形にあります。関東の大部分は、日本最大の平野「関東平野」に属します。面積は17万平方キロメートル、東京ドーム約363万個分にもおよびます。平野なので、交通網が発達しやすく、人や物資の行き来が盛んになり発展するのは必然でした。

そんな関東、特に東京都心部は観光地として、大変賑《にぎ》わっていますが、実は日本人が知らない観光地が数多く眠っています。そして、外国人観光客が注目するのはいかにも都会らしい場所ばかりではありません。高層ビルとは無縁のおだやかな休息地で、時に現実離れした景色に癒やされたい――そんな外国人観光客が「発見」した関東の観光地をこれから見ていきましょう。

例えば茨城県の神磯《かみいそ》の鳥居がそれです。岩場が荒波に揉まれる中、鳥居が一つ、朝日に照らされる情景は日本画さながらの美しさです。また、神奈川県の猿島《さるしま》の、まるで映画『天空の城ラピュタ』のような森が生い茂った無人島も人気で、アメリカやフランス、中国や韓国などさまざまな国から「ジブリ的」な風景を体験できる場所としてはるばる観光客が訪れます。栃木県のあしかがフラワーパークでは、日本三大イルミネーションの一つに数えられる幻想的な光の芸術が鑑賞できます。

そして関東地方内陸の山岳地帯では、温泉が楽しめます。群馬県の宝川《たからがわ》温泉をご存じでしょうか。人気作品『テルマエ・ロマエ』の舞台です。外国の温泉の楽しみ方は日本とは大きく違っているため、外国人にとって温泉宿はまさに『テルマエ・ロマエ』のような斬新な驚きを与えるものなのです。

そして、関東地方の観光地は交通の便がよいこともポイントです。東京から電車で1時間や2時間でアクセスできる場所ばかりなので、日帰りや1泊でいろいろなツアーが組めるのも大きなメリットです。

それでは、現在あまり知られていない一級品の観光地を厳選してご紹介していきましょう。

東京

豪徳寺《ごうとくじ》

外国人を魅了する招き猫

東京都世田谷区《せたがや》、都会の喧騒《けんそう》からやや離れた住宅街に位置する「豪徳寺」。ここを訪れる観光客は8割が外国人と、東京でも屈指の隠れ観光地の一つです。

かつては複数の学校をもつ住宅街であったこの街ですが、今や外国人観光客の影響で若いティーン世代を対象としたアパレル専門店やおしゃれなカフェなどが多く作られるまでになりました。

東京都内には数多くの観光地が存在する中、なぜ豪徳寺がここまで人気なのでしょうか？

そしてそのきっかけは何だったのでしょうか？

東京　豪徳寺　写真ACより

人気の理由

この豪徳寺の名物は「招き猫」。しかもただの招き猫ではなく、約1万を超えるさまざまな招き猫が境内の至るところに点在しているのです。特に「招福殿」では両側にズラリと招き猫が並ぶ光景が見られ、絶好の撮影スポットとして外国人観光客に人気を誇っています。

海外の観光地情報サイトを見比べると、その多くで豪徳寺が上位に掲載されています。ユーチューブのVLOGなどでも、猫だらけのサムネイルの動画に「私も行きたい!」というコメントがたくさん付いています。

招き猫の写真がネット上でバズったことにより人気に火が付き、招き猫柄の絵馬や路面電車など、招き猫をモチーフとしたさまざまな観光資源が開発されていきました。

近隣ではカフェや商店街が活発化し、ローカルタウンからおしゃれタウンへと変革が進んでおり、今では外国人観光客のみならず日本の高校生や大学生らが、第二の下北沢として足を運ぶ姿も見られます。

注目ポイント

2018年以降、豪徳寺はお店のオープンラッシュが相次ぎ急速に発展していった街の一つとして注目に値します。また、きっかけがSNSでの投稿拡散というのも現代的に感じられますね。

関東には浅草や鎌倉など有名で巨大な寺院が多い中で、招き猫がきっかけで猫スポットとして人気になったお寺、というのも興味深いです。

茨城

神磯の鳥居

フォトジェニックな鳥居と朝日

茨城県大洗《おおあらい》町の「神磯の鳥居」は、その美しい朝日が写真映えすると話題になり、フォトスポットとして一躍有名になりました。祭神の降臨地とされる岩礁《がんしょう》は「神磯」と呼ばれ、一般人が足を踏み入れてはいけない禁足地に指定されている、宗教的なパワースポットでもあります。

神社の祭神は、神話「因幡《いなば》の白うさぎ」で知られる福徳を授ける神、大己貴命《おおなむちのみこと》と傷病治癒の神少彦名《すくなひこな》の命《みこと》。彼らが世の苦しむ民を救うために降臨されたのがこの神磯の鳥居の場所です。

茨城　神磯の鳥居　写真 AC より

さて、なぜこの鳥居が外国人の間で有名となったのでしょうか？

人気の理由

人気なのは、なんといってもやはり壮大な景観です。太平洋から昇る朝日と磯に打ち寄せる荒波を背景に、凛とたたずむ鳥居は圧巻です。日の出時には多くのカメラマンが訪れシャッターチャンスを狙います。朝は地元のお店や社務所も開いていませんが、皆この風景を見るために鳥居の前に集まります。日が昇った後は神社境内にある、24時間採水可能な「御神水」で水をもらい福を持ち帰ります。

特に冬至の時期は日の出が遅いため、外国人観光客が朝早くタクシーに乗って地元の人と一緒に朝を迎えることが増えてきているようです。

また夜の海に映える鳥居の影も幽玄《ゆうげん》で美しく、徳川光圀《とくがわみつくに》が「荒磯の岩に砕けて散る月を一つになして帰る浪かな」という和歌に詠《よ》んだ、静かな月と共に海辺で過ごす時間を味わえます。

注目ポイント

神磯の鳥居はまだ人気になり始めたばかりのスポットで、多くの外国人向け観光サイトに紹介されているわけではありません。知る人ぞ知るディープな観光スポットなため、地元の方と外国人観光客が荘厳な鳥居を背景にお互い交流をしたり、町内を案内してもらったりといった温かさがあるのが注目ポイントです。近年はパッケージツアーではなく個人旅行が主流となっており、こういった地元の方との触れ合いやその土地ならではのローカルな魅力に出会えるのが、外国人観光客を惹きつける観光地の特徴なのかもしれません。

栃木

あしかがフラワーパーク

ディズニー、USJと並ぶ日本三大パーク

日本人の多くは、「あしかがフラワーパーク」の名前を耳にしたことがあるのではないでしょうか。しかし、近年このフラワーパークに外国人観光客が急増し、中国やマレーシアやベトナム、タイなど東南アジア系の人をたくさん見かけるのは、まだあまり知られていません。実際、外国人に話を聞くと「ディズニー、ユニバーサルスタジオに続く日本の有名

栃木　あしかがフラワーパーク　写真ACより

なパーク」として、三大パークの一つに数えられるというから驚きです。

2014年にアメリカのテレビ局CNNが、あしかがフラワーパークで有名な「大藤」を取り上げたことで人気が沸騰し、翌年の外国人観光客は前年の倍となる10万人に達しました。

しかし一体、フラワーパークの何がここまで外国人にフィットしているのでしょうか？

人気の理由

春頃には「ふじのはな物語」というイベントが開催され、夜間にはライトアップが行われます。毎年秋から冬にかけてはイルミネーションが開催され、日本三大イルミネーションに選ばれる圧倒的なスケール感と、花をモチーフにした数々の光が実際の花畑と相まって幻想的な風景が出現します。

そして、米CNNが世界の夢の旅行先として日本で唯一選んだ地でもあり、SNSの投稿の多くは外国人観光客によるものであふれています。

特に「リール」と呼ばれる、頭上にまるで降り注ぐような藤の数々や広大なイルミネーションがある様子を映した動画が臨場感を持って発信されることで多くの人の目に留まり、

「ディズニー、ユニバーサルスタジオに続く有名なパーク」と外国人の間で認知されるようになりました。

注目ポイント

交通の便が良いとは言えない中、SNSでのバズや外国人観光客数の急増を背景に、ピーク時は隣の佐野市まで5キロメートル以上もつづく渋滞が発生しました。今では混雑緩和を目指し、行政が協力して臨時列車の増便や駐車場の拡大が行われ、2018年4月には新駅「あしかがフラワーパーク駅」が誕生しました。来場手段を自家用車から電車利用に変えていくことで、整備が急速に進んだのも外国人観光客の影響です。今後どのような新イベントが登場するのか、そして第三のパークとしてどこまで飛躍するのかが楽しみです。

埼玉

長瀞《ながとろ》

いち早くインバウンド対応して世界的に人気に

埼玉県の北西に位置する埼玉県長瀞町の中央部を流れる荒川の岩石段丘は「岩畳」と呼ばれ、その絶景を見ようと多くの観光客が訪れます。その中には外国人観光客も多く、年間約10万人の外国人が長瀞を訪れています。長瀞の自然あふれる景色やキャンプ、ラフティングなど自然の中で五感を使って楽しめるアクティビティも魅力の一つです。特に紅葉シーズンになると紅葉狩りツアーなどが外国人向けに行われており、外国人を意識した工夫が広がってい

埼玉　長瀞　写真ACより

ます。

人気の理由

2011年、『ミシュラン・グリーンガイド・ジャポン』で紹介されたことをきっかけに、長瀞はそれまでの簡単な英語マップに代えて新たに詳細な外国人向けパンフレットを作成し、早くから外国人対応を行いました。そのため気軽に個人観光できる地として外国人に認知が広まり、今の人気につながったのです。英語をはじめ韓国語、中国語など5ヶ国語分のパンフレットには最新のデジタル技術が取り入れられ、観光スポットの表示に専用ペンで触れると、それぞれの国の音声で観光案内をしてくれる仕組みになっており、そのハイテクさに多くの観光客は驚きます。長瀞には有名な岩畳だけでなく、さまざまな日本文化体験スポットがあり、温泉やうどん手打体験、坐禅など長瀞だけで日本文化を楽しめるのも1日観光スポットとしての強みです。

注目ポイント

毎年3月の第一日曜日には長瀞火祭りが行われます。その見どころは、メラメラ燃える炎の上を裸足で走り抜ける荒行《あらぎょう》。お祭り王国として知られる埼玉県は2023年にはインバウンド向けのお祭りツアーを企画しました。ただのお祭り見学ツアーではなく、実際にお祭りを体験できるとあって20代から50代まで、さまざまな国の方が集まり、中には片道3時間以上電車を乗り継いできた方もいたようです。こういった特設イベントが町ぐるみで行われるところが、他の観光地と一味違う長瀞のポイントです。

群馬

佛光山法水寺《ぶっこうざんほうすいじ》

群馬でできる台湾体験

群馬県渋川《しぶかわ》市に位置する「佛光山法水寺」は佛光山寺の本山です。東京、山梨、大阪などに分院や道場を持っています。台湾に総本山を置くお寺で、法水寺もまるで台湾に来たかのような異国情緒あふれる外観になっています。「誰もが隔《へだ》たりなく参拝できるように」という配慮から、どの宗派に属する方であっても関係なく、誰でも自由に参拝でき、拝観料も無料です。

敷地内に入るためには238段の階段をのぼる必要があります。のぼりきった後に後ろを振り返ると、

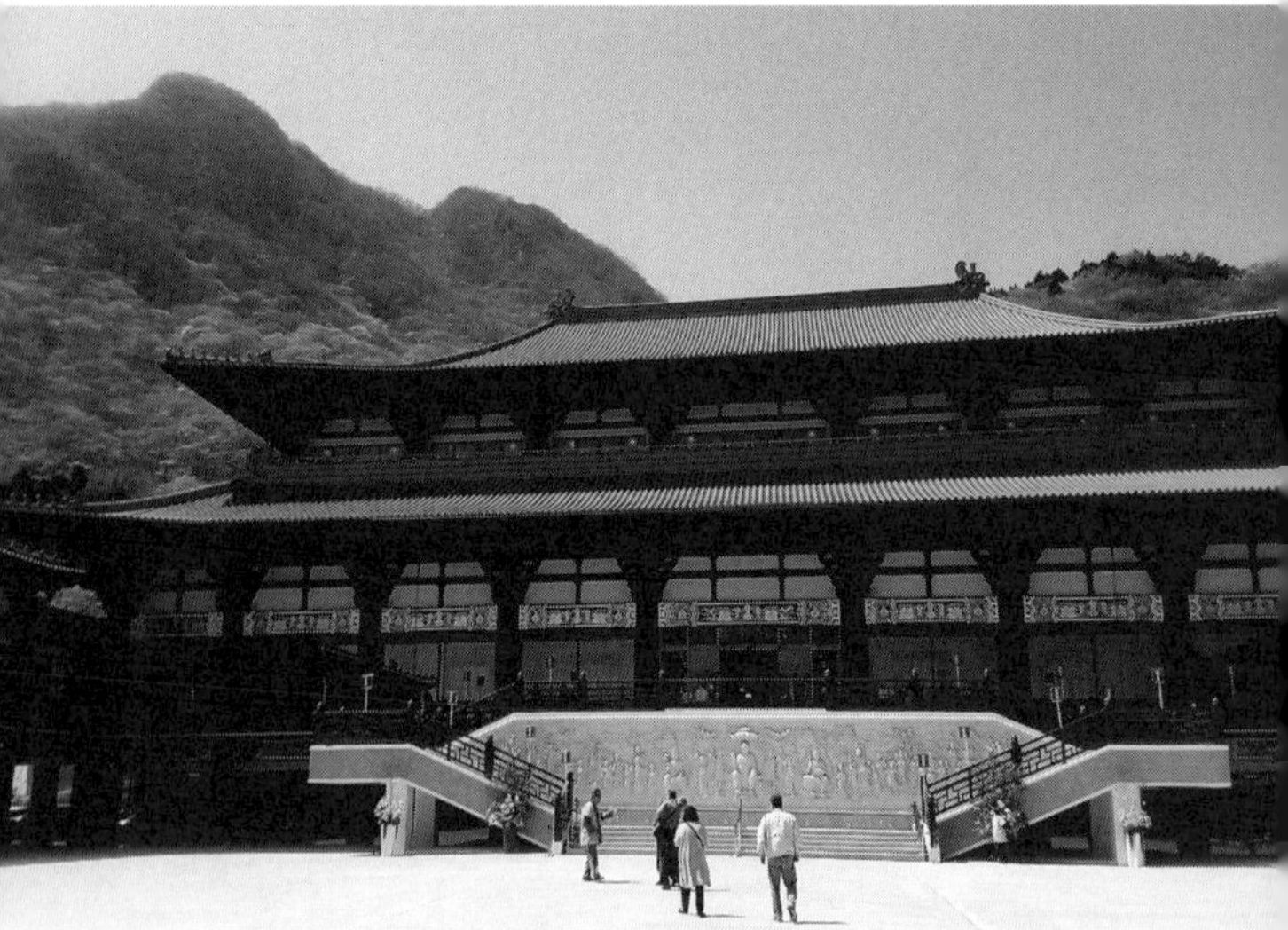

群馬　佛光山法水寺　観光ぐんま写真館提供

渋川市の街並みが一面に広がる様子を一望でき、この眺望も隠れた観光ポイントです。

本殿に進むと純白の仏像が見えます。釈迦牟尼仏《しゃかむにぶつ》といい、ミャンマー産の白い大きな岩を削りだしてつくられたものだそうです。時間帯と光加減によっては、仏像の白い肌に太陽光が反射して、金色に見える瞬間もあるのだとか。想像するだけで荘厳さを感じられる神秘的な光景です。

併設されたカフェ「適水坊」では、肉や魚を一切使っていない精進料理を楽しめます。その本質は精進料理ですが、見た目はハンバーガーであったりそぼろ丼であったり、ユニークなもので興味をそそられます。台湾料理を意識して作られているので、最後まで異国情緒をたっぷりと楽しめます。ちなみに外国人観光客に人気なのはタピオカミルクティーです。

写経堂や坐禅堂も併設されており、予約をすれば無料で写経体験、座禅体験もできるそうです。

人気の理由

日本の群馬県にありながら、まるで台湾に来てしまったかのようなアジア情緒あふれる不思議な空間が、外国人に魅力的に映るようです。日本なのに台湾旅行気分を楽しめるスポットは、そう多くありませんから、「日本なのに外国」な矛盾した感覚を楽しんでいるのでしょう。

伊香保《いかほ》温泉から車で数分圏内に立地しているのも都合がよく、「東京から伊香保温泉を訪れて湯治、そこからタクシーで法水寺を訪れる」といったように、一日のプランの中にまったく無理のない範囲で観光予定に組み込めます。

注目ポイント

その外観から感じられる「日本らしくなさ」が最大の魅力でしょう。台湾に総本山を置く寺であると知らずに訪れると、いつの間にか日本からアジアの異国へ迷い込んでしまったかのような感覚に襲われてしまうはずです。

群馬

宝川温泉

外国人に人気の日本の温泉

日本は世界でも有数の温泉密集地です。火山帯に位置していることから、天然温泉の数が世界的に見て非常に多いのです。その中でも特に外国人に有名なのが群馬県にある「宝川温泉」です。映画『テルマエ・ロマエII』のロケ地にもなっており、温泉通であれば知らない人はいないでしょう。全てのお湯が源泉かけ流しであり、1分間に1800リットルにものぼるお湯が湧《わ》き出します。今どき珍しく混浴温泉があるのも特徴で、家族や恋人、友人とともに、ゆっくりとお湯につかることができます。

群馬　宝川温泉　観光ぐんま写真館提供

東京から新幹線を使って1時間半ほどでたどり着けるのもうれしいポイントで、新幹線とシャトルバスを乗り継げば簡単にアクセスが可能です。交通の便の良さや、後述するガイドブック『ロンリープラネット』に掲載されたことなどから、世界的に注目される温泉地へと成長しました。

人気の理由

実は、日本人は世界中の人々とは少し違う温泉の楽しみ方をしていることをご存じでしょうか。

日本で温泉といえば、言うまでもなくリラックスする場所ですよね。お風呂のようにお湯に入り、温泉での療養を楽しみます。傷を負ったり、病気にかかったりした人が温泉地で湯治を行うことも多く、例えば志賀直哉の小説「城の崎にて」でその様子が描かれています。

一方で、世界的に見れば温泉とはレジャー施設です。日本人のように風呂の延長線上にあることは少なく、どちらかというと「温かい池」として、自然物として扱っているようです。楽しみ方としてはゆっくり温泉につかるのではなく、泳いだり、水浴びをしたりします。日本人からするとプールに近い感覚ですね。

こういった違いから、日本の温泉は世界的にも珍しいものとして、その独自性を評価する声も多いのです。

もともと知る人ぞ知る温泉街であった宝川温泉ですが、世界的に有名なガイドブック『ロンリープラネット』で日本の温泉トップ10に選ばれたことから、現在のように人気が爆発しました。

注目ポイント

宝川温泉唯一の宿泊施設「汪泉閣《おうせんかく》」には、4つの温泉があります。そのうち3つは現代では珍しく混浴で、家族や恋人と一緒に温泉を楽しむことができます。中でも、各地の露天風呂の手本になったといわれる「摩訶《まか》の湯」は見逃せません。四季によって姿を変えるのが特徴で、秋には紅葉が、冬には雪景色が堪能《たんのう》できます。四季折々の姿を確かめるために、一年のうちに何度もこの地を訪れる観光客もいるようです。

千葉

ふなばしアンデルセン公園

子供も大人も楽しめる自然スポット

無機質なコンクリートと機械に囲まれながら生活する現代人は、やがて自然を求めるようになりました。旅行先としても、寺や美術館などが人気を博す一方で、その地域の自然を感じられる場所が必ず入っています。日本ならば北海道の釧路《くしろ》湿原、福井県の東尋坊《とうじんぼう》、海外でもアメリカのイエローストーン国立公園、オーストラリアのウルル（エアーズロック）など、自然を感じられる観光地は世界中で求められ

千葉　ふなばしアンデルセン公園　千葉県公式観光サイト「ちば観光ナビ」より

ています。

そうした中で、関東地方の身近な場所でも自然が感じられることをご存じでしょうか？実は千葉県の「ふなばしアンデルセン公園」が、外国人にとても人気なのです。自然とアクティビティ、美術館を楽しめる、一大観光地が船橋にあるのです。

人気の理由

ふなばしアンデルセン公園の魅力は、「どんな人でも楽しめる豊富なアクティビティ」に尽きます。園内は「花の城ゾーン」「メルヘンの丘ゾーン」「子供美術館ゾーン」「ワンパク王国ゾーン」「自然体験ゾーン」に分かれており、どんな人でも、どこかひとつは心に刺さる場所があるでしょう。

例えば、季節ごとに変わる花。園内には各所に色とりどりの花が咲き乱れており、季節ごとにその様相は姿を変えていきます。その種類は100種類にも及び、5万本以上の花が咲いていると言われています。特に真冬に咲くチューリップ（アイスチューリップ）は圧巻で、20種類4万株の花々が咲き乱れます。

体を動かしたいならば、アスレチックで遊びましょう。日本最大級の障害物コースでは、のびのびと体を動かしながら、楽しく安全にスポーツを楽しめます。
これらの多彩な楽しみ方ができることから、世界最大級の旅行口コミサイトであるトリップアドバイザーでは、日本のテーマパークとして3位に位置付けられるほどの好評を博しています。アジア全体に目を広げても10位以内にランクインしており、世界中からの圧倒的な支持は明らかです。

注目ポイント

神社仏閣ばかりが注目されがちな日本の観光名所の中で、体を動かすことができるテーマパークはなかなかありません。大人にとって古刹《こさつ》巡りはよいフィードバックを与えるものになるでしょうが、子供にとっては退屈な時間になってしまいます。しかし、この公園であれば、小さな子供であっても、大人であっても、年配の方々でも、世代に隔てなく楽しむことができます。そうした点が、世界中から受け入れられる秘密であると考えられます。

神奈川

猿島

歴史も自然も楽しめる無人島

日本にはたくさんの無人島がありますが、実は都心からほど近い神奈川県にも、観光地として世界に知られた有名な無人島があります。それこそが「猿島」です。

猿島は、神奈川県横須賀市の沖合に浮かぶ小さな島。島内には釣り場や軍事施設の跡、遊歩道、バーベキューが楽しめる海岸などがあり、さまざまなレジャーが楽しめます。シャワー室や釣り具、バーベキュー用品をレンタルできる売店もあり、手ぶらで来ても観光を楽しめます。また、猿島は無人島です

神奈川　猿島　公益社団法人神奈川県観光協会提供

が、大部分は横須賀市によって公園として整備されています。

いまは無人島になっていますが、縄文時代の土器や弥生時代の人骨が発見されており、その時代には人が住んでいたと推測されます。13世紀には、嵐に遭《あ》った日蓮《にちれん》がこの島に漂着した伝説もあり、古くから人々に親しまれている島です。

1847年には徳川幕府によって日本初の砲台が島内の3箇所に設置されました。1868年の明治維新後には、東京湾を外国の侵入から守る要塞としてさらに強化されており、第二次世界大戦中には5基の対空砲が設置されました。それらの要塞跡は、いまでも島内で見ることができます。

人気の理由

東京からほど近い無人島でしっかり整備されており、古代から近代までの豊かな歴史的背景がある点が外国人に注目される要因であるようです。

一方で、現在の猿島は純粋なレジャースポットとして親しまれています。東京近郊にしては珍しい豊かな自然があり、かつての戦場跡を散策したり、豊かな海産資源を活用した現地の料理に舌鼓を打ったりと、大人から子供まで楽しめる一大レジャー施設である猿島。

老若男女を問わず親しまれているのは、その遊び方の幅広さに原因があるのかもしれません。

注目ポイント

猿島に行くからには、やはり豊かな自然と軍事施設跡の見学は外せません。猿島では30分で島内を効率的にめぐることができる探検ツアーが催されています。日本の4箇所でしか見られないレンガ造りの建物や、まるで『天空の城ラピュタ』に登場するようなフォトジェニックなエリアなど、さまざまな見どころを短時間でスマートに回ることができます。

お腹がすいたら島内唯一のテイクアウトレストラン「Oceans Kitchen」に向かいましょう。豊富なメニューから選ぶことができます。自分で料理がしたい方ならば、海辺でバーベキューを楽しむのもいいでしょう。

おもてなし

日本には「おもてなし」といわれる文化があります。

外国人観光客が日本に来て最も驚くのは街の清潔さや治安だと言われています。しかし、「おもてなし」の真髄はそこではありません。

例えば、レストランに入れば、夏には冷たいおしぼりと氷が入ったお水、冬には温かいお茶と温かいおしぼりが提供されます。細やかな配慮です。さらに、チップという概念がありません。「客の希望をできるだけ叶えようとする最高のサービスを、当たり前にすること」こそが日本独自の「おもてなし」なのです。

海外では、水は注文せねば出てこない上に、だいたい有料です。もちろんおしぼりは出てきません。チップ制度があるため、日本のように無償でサービスをしてくれるというのはなかなかなく、「お金を払った分だけサービスが返ってくる」文化なのです。

しかし日本では、たとえ安いホテルでも一流ホテルに引けを取らないサービスが受けられます。

「おもてなし」の起源には諸説あります。聖徳太子が制定したと言われる17条の憲法に由来する説と「表面がない」という説です。

十七条の憲法による説は、第一条の「和を以て貴しと為す」から「以て為す」、さらに転じて「もてなす」になったというものです。

一方、「表面がない」説は、裏表がないことを指します。つまり、目に見えないものに対しても敬意を払い、感謝し、相手のことを考えて、人に気づかれないようなところにも気を使うことです。

日本人の美しい配慮である「おもてなし」。なんでもお金で買える現代だからこそ、お金では買えない価値はますます大事になってきます。それが無償で提供されるのであればなおさらです。この価値を、今一度新鮮に見つめ直してみてはいかがでしょうか。

〇〇銀座

日本には京都のように美しい景観の町を「小京都《しょうきょうと》」と呼んで愛する文化があります。小京都は全国に点在しており、現在ではこれらをまとめる「全国京都会議」という団体ができているほどです。

小京都の由来は、一説によれば室町時代に遡るといわれています。当時の幕府があった京都室町の景観に憧れ、同じように美しい都市を地元に作りたいと考えた各地の守護大名たちが、「小京都」を作り上げたというのです。当時でいえば、京都は日本の首都のど真ん中。その美しい街並みに対して、まだまだ遅れている自分の地元をより美しくしたいと願う守護大名たちの気持ちは切実だったことでしょう。現在、「小京都」と呼ばれる町は全国に40ほどあり、どの町も美しい街並みで知られています。

同じように、全国各地の都市の繁華街を「〇〇銀座」と呼ぶ文化もあります。みなさんが「銀座」と聞いて一番にイメージするのは、きっと東京都中央区の銀座でしょう。三越のライオン像や和光の時計塔などが思い浮かぶはずです。

実は「〇〇銀座」の由来になっているのが、この東京の銀座なのです。江戸時代に銀貨の鋳造など銀貨を取り扱っていた銀座役所にちなんだ地名です。江戸時代は日本各地の銀貨鋳造を行う場所が「銀座」と呼ばれていましたが、今にその名が残っているのは東京の銀座と、京都市伏見区にある銀座町のみです。このうち、東京の銀座が近代に商業地として目ざましく発展したことから「銀座」は繁華街の象徴となりました。それにあやかって、全国の繁華街に「銀座」を名乗る地名や商店街が出てくるようになったのです。

元祖銀座を擁《よう》する東京にも、「○○銀座」は点在しています。例えば「砂町《すなまち》銀座」は東京三大銀座と呼ばれる商店街の一つで全長約670メートル、約180店舗が軒を連ねています。命名当時、日本一の商店街だった銀座通り商店街に負けないようにとの思いを込めて銀座と名づけられました。

東京が戦争で焦土と化し、焼け野原になってしまった後も、砂町銀座にもう一度活気のある商店街を取り戻そうとみんなが力を合わせ、18年を費やし復興に成功しました。経済が安定してくると住宅やマンションが周りに建設され、さまざまな業態の店舗も増え、今の形に落ち着きました。

みなさんの周りにも、かつて隆盛を誇った「銀座」がきっとあります。普段通る商店街の歴史を調べてみると、意外な発見があるかもしれませんよ。

第3章

中部地方の知られざる観光名所

山や木々、そして海に囲まれる自然豊かな日本。日本の自然の中心に位置すると言えるのが、「中部地方」でしょう。

まず日本アルプス。北アルプス（飛騨山脈）、南アルプス（赤石山脈）、中央アルプス（木曽山脈）からなる、日本の中でも標高が特に高く、荘厳な山脈です。日本の山のうち、標高トップ100のうち92座が日本アルプスです。

中部地方に高山が集中した理由は、プレートテクトニクスで説明されます。日本はユーラシアプレート、北米プレート、太平洋プレート、フィリピン海プレートが接する場所として有名です。これらのプレートが移動し、隆起することで山脈を形成しますが、その現場の少なくない割合が中部地方なのです。例えば南北アルプスは、フィリピン海、太平洋プレートがダブルで押し上げてできた山脈のため、屈指の高山地帯となっているのです。実は今でも南アルプスは年間約4～5ミリメートル成長しており、この速度は日本一です。そんな日本アルプスの中でも、特に飛騨山脈は国外観光客の誘致に成功しているようです。

中部地方は長野県と山梨県があるので内陸のイメージが強いですが、海や島も魅力的です。新潟県の佐渡島は、人里離れた森と海、動物のありのままを楽しめる、いわば自然のテーマパークです。福井県の若狭湾《わかさわん》南側の海岸線はリアス式海岸となっていて、四季折々の表情を見せるパノラマビューが絶景です。まるでお伽話《とぎばなし》に出てきそうな幻想的な水島（福井県）は、あまり日本では知られていない隠れ観光スポットです。

中部地方は北海道、東北地方の次に面積が大きく、広大な土地を活用して、金沢21世紀美術館（石川県）、博物館明治村（愛知県）のような施設も人気です。甲州では地元のぶどう品種を用いた甲州ワインが世界的に人気なブランドとして確立されています。日本アルプスが雨雲を寄せ付けず、降水量が少なく日照量が多い気候だからこそ、甲州ぶどうを栽培できるのです。

このように、豊かな自然を活かした観光地づくりが得意な中部地方。日本の豊沃な自然は中部なしに語れませんが、日本にいると見落としがちなエリアでもあります。国外からの視点をお借りしてその魅力に迫ります。

愛知 明治村

外国人に人気の明治建築テーマパーク

愛知県犬山市にある明治村は100万平方メートルの敷地に明治時代を中心とする60以上の歴史的建造物を移築し、保存展示する野外博物館として、国内外から多くの観光客が訪れる場所です。ガイドブックなどに掲載されることは少ないにもかかわらず、個人ブログやSNSで口コミが広まり、今では外国人観光客も増えてきました。レプリカではなく、解体されていく建造物が移築・復元された本物の古い建物に出会えるとあって、「こんなにいい場所なのに、どうしてガイドブックに載っていないの？」と

愛知　明治村　博物館明治村提供

驚嘆する外国人もいるそうです。歴史を感じる観光スポットは他にも多く存在する日本で、なぜ犬山市にある博物館明治村が注目されているのでしょうか？

人気の理由

一番大きな明治村の人気要因は、外国人のお城人気の高さです。明治村がある犬山市には日本最古の木造天守を持つ犬山城が存在し、２００６年に日本城郭協会が定めた「日本100名城」が話題になって多言語で紹介されて以来、犬山城は歴史ある城下町とともに歴史を楽しめる場所として高い外国人人気を誇っています。犬山城からほど近い場所にある歴史スポットとして、お城を訪れた歴史好きが明治村にも訪れるようになったのです。

また、明治時代は多くの外国人が文明開化に伴って日本を訪れたので、日本と外国が密接に関わり合った重要な結節点として外国人に特別な意味合いがあるのではないかとも想像されます。当時の衣装を着たり、蒸気機関車や京都市電に乗ったりすることができて、国を越えて子供から大人まで楽しめるのも人気の理由でしょう。

また一番人気の挽肉《ひきにく》と馬鈴薯《ばれいしょ》のコロッケーは明治時代のベストセラー新聞小説『食道楽』に実際に登場したもので、休日にはこれを目当てに多くの観光客が列を作るそうです。

注目ポイント

東京ドーム21個分もの広さを誇る巨大な明治村は多くのドラマや映画の撮影地になっており、海外で大人気の、しかし日本ではほぼ知られていない作品の聖地巡礼が密かに行われていたりと、観光の目的は人それぞれです。

明治のグルメや謎解きイベントを楽しみながら、夏目漱石をはじめとするさまざまな偉人の家や帝国ホテルの中央玄関など、60を超える建造物を自由に巡ることができ、何度行っても新しい発見があります。

毎年夏には「宵の明治村」として、花火や夕涼みが楽しめるなど、季節に応じた楽しみ方のできる博物館明治村にぜひ行ってみてください。

新潟

佐渡島《さどがしま》

外国人が溶け込んだ離島

新潟県の「佐渡島」は、佐渡金山をはじめ、海や山、四季折々の食を楽しむことができる日本海側最大の離島です。しかし、日本人ですらなかなか行く機会が少ない新潟県の離島に、なぜ外国人観光客が集《つど》うのでしょうか？

その背景には離島人気があるといいます。

日本人よりむしろ外国人が外国人を呼ぶ、そんな現象が離島にはある――なんとも不思議ですね。

新潟　佐渡島　公益社団法人新潟県観光協会提供

人気の理由

日本観光の拠点となる東京は都会の喧騒や高層ビルなど非日常を感じさせてくれる反面、日本人の温かみや自然を感じることはできないと考える人も多く、生の日本を感じるために東京を出る外国人も少なくありません。佐渡島は多言語サービスに対応しているのに加え、外国人のワーキングホリデー受け入れや移住奨励なども行っていて、離島の街中に外国人が溶け込んでいるのです。

島で毎年8月に行われる音楽フェス「アース・セレブレーション」が、日本文化や観光地を紹介する英語サイト『ジャパンガイド』の「旅行先の満足度ランキング」で第1位を獲得するなど、外国人の中で評判になることでさらに外国人観光客が訪れる、というサイクルが佐渡島にはあります。

注目ポイント

日本人の多くは佐渡島観光というと島のトキを想像します。一度絶滅したトキの野生復帰に成功した地として、生物多様性のモデルとして海外では佐渡島は有名で、日本が誇る島の一つです。

しかし、実際に佐渡島を訪れる外国人観光客の多くはトキの存在を知らないようです。日本人がトキを熱心に写真に収める中、外国人は海や山などの壮大な自然に目を向けているといった対照も、地元の人には見慣れた光景だとか。

福井

水島

北陸のハワイと称される無人島

北陸のハワイとも呼ばれる「水島」は、福井県敦《つる》賀《が》市にある小さな無人島です。青く透き通った海と、果てしなく続く白砂のビーチは多くの人を魅了します。

7、8月だけ観光船で渡ることのできるこの島では、景観保全が重要視されており、あるのは簡易トイレのみ。お店もありません。

福井在住の人ですら行ったことのある人が少ない水島には、一体どんな魅力があるのでしょうか。

福井　水島　写真ACより

人気の理由

7月と8月の2ヶ月間しか上陸できないことで、逆に「奇跡の島」として夏の外国人観光客に大人気となったのが水島です。観光船でしか上陸できないので「日本の交通の便の良さとはかけ離れた隠れスポットだ」という評価もあります。

しかしそれだけではなく、魅力的な海と白砂のコントラストがSNSを通じて話題になったのも事実です。日本といえば森や山といった木々の自然にフォーカスされがちな中、海の美しさが新鮮な驚きを与えたのも注目される理由でしょう。

他方、水島は無人島であり、観光地として開発されているわけでもないため、あるのは簡易トイレのみで、外国人に向けた取り組みも行われていないのが現状です。ただし、それゆえに「観光地ではなくありのままの自然が見たい」という日本マニアの観光客が好む場所であり、筆者もアメリカで「日本では水島が有名だよね」と言われて初めて存在を知りました。

注目ポイント

福井県敦賀には北陸新幹線が2024年3月に開通し、多くの観光客が訪れています。

そして2024年の夏は新幹線開通後初めての夏、多くの観光客が水島を訪れることでしょう。外国人観光客が増えると、それに対応した取り組みが行われることが多いですが、水島も観光地として外国人向けの対応を行うのか、はたまた現在同様ありのままの自然に任せるのか、今後の水島のあり方が楽しみです。

石川

金沢21世紀美術館

SNS時代の新しい美術館

「金沢21世紀美術館」は、2004年に開館した現代アートを収蔵する美術館です。妹《せ》島《じま》和《かず》世《よ》と西《にし》沢《ざわ》立《りゅう》衛《え》が設計し、彼らがヴェネチア・ビエンナーレ国際建築展展示部門「金獅子賞」を受賞したことでも知られています。

金沢21世紀美術館を海外のSNSで調べるとヨーロッパや北米、中東やアジアなどありとあらゆる国から観光客が訪れているのがわかります。

石川　金沢21世紀美術館　© 石川県観光連盟

日本は東京の上野などに多くの有名な美術館が存在する中、なぜ外国人観光客は金沢21世紀美術館を選ぶのか、その理由を探ります。

人気の理由

金沢21世紀美術館で一番有名なのは「スイミング・プール」と呼ばれている作品で、プールの水中にいるような不思議な写真を撮ることができ、またプールの上から水面を眺めることもできます。この不思議な写真がＳＮＳで大きくバズり、金沢21世紀美術館で最も有名なブースとなりました。この他にもＳＮＳ映えする多くのブースがあり、美術館の若者離れが進む中、訪問者のほとんどが若い層となっています。

さらに、２０１５年3月に北陸新幹線が開業して以降、金沢市やその周辺を訪れる観光客数は毎年１０００万人を超え、需要増を背景に市内ではホテル建設が相次いでいます。

金沢市中心部には新幹線終着駅だった金沢駅をはじめ、21世紀美術館から兼六園《けんろくえん》、茶屋街や近江町市場など主要観光スポットが徒歩圏内でつながることでコンパクトな観光を実現しています。さらに伝統工芸から現代アートまであることで、全ての世代が楽しめる家族向けの観光地になっています。

注目ポイント

金沢21世紀美術館ではブースの多くがガラス張りのため、外の様子もアートの一つとして楽しめる設計になっています。芝生で追いかけっこをする小さな子供や、ひたむきに写真を撮る人やカフェでコーヒーを嗜《たしな》む人などさまざまな人が美術館に溶け込んでアートを形成しています。

映える美術館として若者人気が高いだけでなく、この美術館が多くの世代に愛されるのは、誰もがアートの構成員となれるからかもしれません。

富山

砺《と》波《なみ》チューリップ公園

家族で楽しめるチューリップの名所

砺波チューリップ公園は、富山県砺波市に位置するチューリップで有名な公園です。最寄りの砺波駅から無料シャトルバスが運行しているほか、徒歩でも15分程度でアクセスできて比較的行きやすいところにあります。

トルコ調の「ヤロバの泉」から北門を抜けると、7ヘクタールほどの広大な公園が広がっています。見どころは名前にもなっているチューリップで、春

富山　砺波チューリップ公園　写真ACより

には300品種、300万本にも及ぶチューリップが咲き誇ります。もちろん、それ以外の季節も花が咲いており、夏から秋にかけてはコキア、パンジーなど色とりどりの花々を鑑賞できます。

毎年春には「となみチューリップフェア」が、夏には「サマーフェスティバル」が開催されるなど、活気のある公園です。

人気の理由

やはり、最大の特徴であるチューリップの花を目的として来訪する外国人観光客が多いようです。園内に子供たちが遊ぶためのスペースが数多く用意されていることも好評で、家族連れの方に優しいスポットです。近くの駅から徒歩15分程度、無料シャトルバスも運行しているなどアクセスが良好な点も人気の理由。

逆に言えば、チューリップが見頃の4月以外に訪れている方は少ないといいます。数少ない4月以外の訪問客は、付属のギャラリーを見学する方が多いようです。このギャラリーは春の花であるはずのチューリップを一年中見ることができるという、世界でも有数のユニークさを誇る施設です。

また、オフシーズンは比較的人が少ないので、ジョギングや散歩に最適であるという声もあります。たしかに公園としては比較的広めであることから、軽い運動をするのに適した環境であるといえるかもしれません。

注目ポイント

この公園を訪れるなら、4月に訪問することを強くおすすめします。それ以外の季節にも素敵な花を見られるかもしれませんが、有名なチューリップの花は4月から5月の短い時期にしか見られません。

祭りの季節には様々な屋台が出店するため、そうしたイベントが好きなのであれば、「となみチューリップフェア」が開催されている週を狙って行くといいでしょう。特に小さな子供連れの方には自信をもっておすすめできる公園です。

山梨

甲州ワイン

世界で評価される日本ワインの産地

「甲州ワイン」は世界中でブームを巻き起こしている日本ワインです。山梨県はかつて甲斐《かい》と呼ばれており、それにちなんでこの地域を甲州ともいいますが、そこから名前が来ているわけではありません。「甲州で作ったワイン」ではなく、「甲州」という品種のブドウを使ったワインを甲州ワインと呼びます。甲州ブドウは1000年以上の歴史を持つ伝統的なブドウで、地域の方々を中心として長年親しまれている品種です。

甲州ブドウ自体は紫がかったピンク色ですが、そ

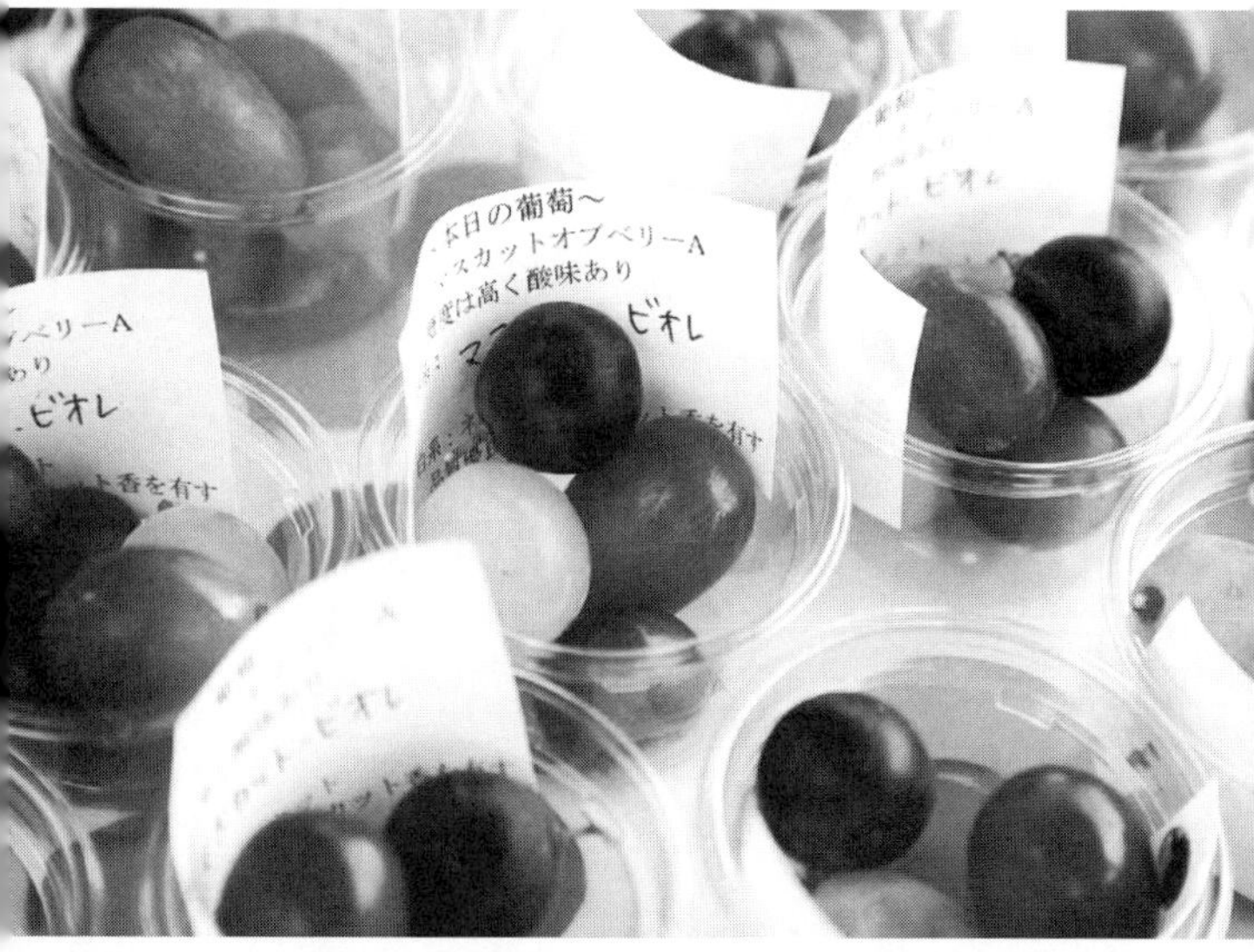

山梨　甲州ワイン　写真提供：やまなし観光推進機構

の果汁は白色。そのため、甲州ブドウを原料としてつくられる甲州ワインもまた、白ワインです。このワインの特徴は、なんといっても「アロマ」。甲州ブドウは香りのピークと糖度のピークにずれがあり、従来は糖度がピークの時に収穫していたため、昔は「甲州ワインは香りに乏《とぼ》しい」と言われ続けていました。しかし、近年その課題に真剣に取り組んできた結果、甲州が本来持つ柑橘《かんきつ》系の香りを強めた甲州ワインの酒造に成功し、市場でも「芳醇な香りを特徴とするワイン」として認知度を高めています。

人気の理由

甲州を使ったワインの類まれなる香りは、世界的にも高い評価を得ています。例えば、2010年には甲州ブドウがパリの国際ブドウ・ワイン機構（OIV）が作成したワイン用のブドウ品種リストに、日本産のブドウとしては初めて登録されました。これにより、単に「日本ワイン」と表記するだけではなく、ラベルに「甲州」と表記したワインをEUで販売できるようになりました。

インターナショナル・ワイン・チャレンジ（IWC）などの国際品評会においても山梨ワインが受賞することは多く、輸出量も確実に増加傾向にあります。特に甲州を使ったワインの人気は高く、世界中に愛飲するワイン愛好家がいると言われます。

注目ポイント

山梨にはいくつかの甲州ワインの酒造を手掛けているワイナリーがあり、それらを訪ねてみるのも面白いかもしれません。例えば、日本初の民間ワイン会社と呼ばれる「大日本山梨葡萄酒会社」を前身に持つシャトー・メルシャン勝沼ワイナリーでは、併設しているビジターセンターで醸造の様子を見学したり、施設内部の見学ツアーに参加したりして、ワインづくりの過程を学ぶことができます。

長野 河童橋《かっぱばし》

日本らしさあふれる山の景観

上高地《かみこうち》は、飛騨《ひだ》山脈の南部、長野県側にある景勝地です。中部山岳国立公園の一部として、国の特別名勝、特別天然記念物に指定されています。その美しさはこの世のものとは思えないほどで、山奥にあるにもかかわらず毎年120万人以上の観光客が訪れることからもその人気がうかがい知れます。

この上高地のランドマーク的存在が「河童橋」です。大正《たいしょう》池と明神《みょうじん》池の中間ほどに位置し、梓川《あずさがわ》の両岸をつないでいるこの橋は、芥川龍之介の小説『河童』に登場することでも有名です。橋上からは穂《ほ》

長野　河童橋　松本市公式観光フォトアーカイブより

高連峰《たか》や焼岳《やけだけ》を望むことができ、季節によっていろいろな色に染まる山々を一望できます。特に夏の新緑や秋の紅葉などの時期は大勢の人々が押しかけ、「上高地銀座」と呼ばれるほどです。

人気の理由

日本特有の動植物も多く見られる上高地は、世界中の自然愛好家にとって見逃せないスポットになっています。

加えて上高地の雄大な自然の原風景と、そこにかかった一本の木造建築のつり橋が調和した風景に、特に日本らしさを感じる外国人観光客が多く、自然だけでなく日本らしさに出会える景勝地として人気です。そしてこの河童橋自体がフォトスポットでもあり、美しい自然を写真に収めるためにぴったりなロケーションでもあるのです。

近くには土産物屋やレストランも位置しており、登山中に少し休憩したくなったときの場所としても活用されています。

注目ポイント

日中の絶景もさることながら、夜になると空を覆いつくすほどの満天の星を望むことができるので、これを目当てに海外からやってくる観光客の方もいらっしゃるようです。

岐阜

飛騨高山

イスラエル人が多く訪れる「小京都」

一般に「飛騨高山」と呼ばれる地域は、岐阜県北部（飛騨地方）の高山市にあたります。高山市には昔ながらの木造建築が立ち並び、伝統的な商家の街並みが保存されています。老舗の商店、蔵元、温泉宿など、まるで京都の一角に来たかのような趣のある建物が見られます。

これらの商家町の歴史は江戸時代にまで遡ります。当時は木材資源が豊富であり、優れた木工職人も多数いました。現在でも彼らの作品は、立ち並ぶ木造建築や、町の随所に見られる木彫りの彫刻や装飾と

岐阜　飛騨高山　一般社団法人岐阜県観光連盟フォトライブラリーより

して残っています。

人気の理由

外国でもよく知られた古くからの日本の伝統文化を味わえるとあって、飛騨高山は外国人がたくさん訪れる観光地となっています。そして、多言語で書かれた散策マップや標識が充実しているのも人気を後押ししています。

意外な点としては、近年の飛騨高山ではイスラエルからの外国人観光客が増えているそうです。これにはイスラエルの経済力が上がったことや、イスラエルから日本へのアクセスが便利になったことなど複数の要因が関わっているようですが、岐阜県があの杉原千畝《すぎはらちうね》ゆかりの地であるということも大きいでしょう。杉原千畝は第二次世界大戦中にリトアニアの日本領事館領事代理を務め、ナチスの迫害から逃れてきたユダヤ人に対して独断でビザを発行し、何千人ものユダヤ人の命を救った人物です。

岐阜県八百津町には「杉原千畝記念館」があり、多くのイスラエル人がここを訪れています。そしてその際に彼らが訪れるのが、近隣の高山市や白川村なのです。岐阜県では「杉原千畝ルート」という名称でこれらの名所を巡る観光ルートを設定し、海外に積極的に発信しています。高山市におけるイスラエル人の宿泊者数は、2013年時点では約2800人でしたが、2016年には1万人以上にまで増加しています。

注目ポイント

飛騨高山は街並みを散策するだけでもワクワクする、日本人にも人気の観光地です。

今ではすっかり見なくなった木造建築の建物が、往年の雰囲気を残したまま整然と並んでいます。朝に早起きして朝市に行けば新鮮な果物や野菜、地元の伝統工芸品などが買えますし、蔵元に行けば多種多様な日本酒が試飲できます。また山車が練り歩く高山祭も魅力の一つで、これも江戸時代にまで遡る長い歴史を持っています。疲れたら昔ながらの温泉宿でほっと一息つけます。

このような「イメージしていた日本」をそのまま享受できるのが、飛騨高山が愛される理由でしょう。

静岡

久能山東照宮《くのうざんとうしょうぐう》

富士山とお茶だけでない静岡の魅力

静岡の観光資源といえば富士山、そしてお茶です。富士山を見ながらお茶を飲む――それだけでも充分に魅力的ですが、外国人観光客の静岡観光はそれだけでは終わりません。日本観光地百選で1位に選ばれた日本平《にほんだいら》の山頂から日本平ロープウェイを経由してたどり着く「久能山東照宮」が、いま国外から人気を集めているのです。

人気の理由

久能山東照宮は、江戸幕府を創始した徳川家康が

静岡　久能山東照宮　公益財団法人するが企画観光局フォトライブラリーより

眠っているとされる由緒ある神社ですが、国外人気の背景には観光サイト「GajinPot」で紹介されたことがあります。また、クルーズ客船「ダイヤモンド・プリンセス号」が来航したのも要因の一つです。

ロープウェイで久能山東照宮に着くと、まず一ノ門越しに美しい駿河湾《するが》の景色に出会えます。ちなみに久能山の南側には1159段のつづら折りの石段があり、ロープウェイを使わずに歩いて頂上まで登ることもできます。大変ですが、その分だけ海や木々をじっくり味わえます。

境内《けいだい》を進んでいくと、重要文化財である楼門の厳《おごそ》かな雰囲気に圧倒されます。門の中央には「東照大権現」と書かれた額があり、これは全国の東照宮の神様として祀られている家康を表しています。

その他にも、国宝に指定されている御社殿には当時の芸術と建築技術が詰まっており、全国の神社に散見される建築様式「権現造」のルーツとなっているなど、歴史的な見どころもあります。

注目ポイント

東照宮そのものに加え、周辺施設も充実しています。東照宮のある静岡県久能は観光いちご狩りの発祥地といわれており、1896年（明治29年）に松平健雄宮司より託《たく》されたいちごの苗を玉石の間に植えたことがそのきっかけです。以来、久能では玉石を決まった角度で重ね、いちごの苗を植える石垣栽培でいちごを育て続けています。この方法だと、太陽光が直角に当たるのでいちごの成長が早くなるのです。久能でメジャーな品種は「章姫」。一般的ないちごは横広な円錐《えんすい》形ですが、章姫は縦長円錐形と見た目が違います。

自然と歴史を感じ、ユニークないちごを味わう旅はいかがでしょうか。

章間コラム

トイレ

普段私たちが何気なく使っている日本のトイレが、実は海外では高い評価を受けていることをご存じでしょうか？

日本のトイレのウォシュレットは温水洗浄機能があり、それを買いにわざわざ日本に来る外国人がいるのは有名な話ですが、公衆トイレであってもきれいで、さらに誰でも無料で使えるものが多い、これは外国人からすれば大変驚くべきことなのです。また、トイレットペーパーを水に流せるのも、実は世界的には当たり前ではありません。

外国と日本でトイレの質に違いがある理由の一つは、きれい好きの精神とともに、「快適であることを求める精神」が関連しているように考えられます。その好例が便座カバーです。便座カバーの歴史はほとんどわかっていませんが、一説によれば昔の日本人が慣れない洋式便座に座った際に冷たい便座に驚き、冬に座ったときでも冷たさを感じないように作ったそうです。また、意外なところではトイレットペーパーのホルダーが海外で評価されています。トイレットペーパーの交換がしやすい作りになっていることが好評の理由です。普段何気なく行っているトイレットペーパーの交換ですが、ストレスなく行うことができるのは、実は日本人の快適さを求める精神あればこそです。

日本人の清潔に対する意識は江戸時代から続いています。江戸時代には人間の排泄《はいせつ》物が堆肥《たいひ》として再利用されており、そのおかげで、江戸の町は17世紀当時としては驚異的なほど上下水道が整備された都市でした。その精神が現代日本の快適なトイレで体感できると思うと面白いですね。

ファックスと印鑑

日本と外国の間では、ビジネスの文化にも違いがあります。日本の多くの職場でファックスが未だに現役なのは、外国の人々にとって驚きかもしれません。ファックスとは電気回線を用いて遠隔地間で画像を受送信するシステムで、インターネットが普及して電子メールが主流になった今では、外国ではあまり見ることがありません。

日本でファックスが愛されているのはなぜかというと、第一に安全性や信頼性に優れているからです。ファックスはアドレス指定にすることで部外者の閲覧リスクが軽減され、パスワード設定も可能なので安全に利用できます。実際、官公庁や企業間の商取引で、手書きの文書や印鑑が必要なときにも用いられます。また、長年用いられているという文化的背景や、特別なITスキルは不要で手軽に使えることも大きな理由でしょう。

同じく「印鑑」も、仕事に関連する日本独特の文化です。

印鑑で契約を締結するのは世界でも日本だけといわれます。日本では、荷物を受け取るときや結婚、離婚をするときなどさまざまな場面で印鑑を使います。印鑑が普及したのは江戸時代以降で、商人が取引をするために広く使われるようになりました。

また、近代になって苗字ができたのも印鑑普及に一役買いました。明治維新で庶民のだれもが「苗字」を名乗るようになり、苗字を記した印鑑の需要が増加します。さらに明治6年の太《だ》政官《じょうかん》布《ふ》告《こく》により、「人民相互の証書書面には実印を使うべし」と定められました。それ以来、個人を特定する道具として印鑑は使われ続けているのです。

ファックスと印鑑は、日本のビジネス文化の中で長い歴史を持ち、書類のやり取りや契約の締結において欠かせない存在です。これからＩＴ化がますます進む世の中でファックスと印鑑をめぐる環境がどうなっていくのか、目が離せません。

第4章

近畿地方の

知られざる観光名所

大阪、京都、奈良をはじめ、近畿地方は有力な観光地の位置する地域です。通天閣《つうてんかく》にグリコの大看板、鹿がたくさんいる奈良公園は日本人にも観光地として大変人気です。日本人にとって近畿地方は、かつて商業で栄えた古風で和風なところと認識されているかと思います。しかし、国外観光客は違うところに注目しているようです。

そんな近畿の魅力を一言で表せば「洗練されたポテンシャル」でしょう。その持ち味を最大限に磨き上げ、来るものを魅了しているのです。一体どういうことでしょうか。

大阪は江戸時代、天下の台所とされ、敏腕商人の集う土地でした。平安時代から江戸時代までの約1000年にわたり、日本の首都である京都に近かったことから交易や運送の要として栄えてきました。いまも阪神工業地帯があり、ビジネスに強い側面があります。ただし、ビジネスを大事にする中でユーモアを忘れないのが関西人のマインド。時間をかけて磨かれたその感性は、日本人だけではなく、世界の人々を惹きつけます。

その感性とユニークな商才は今の時代も色濃く残っていると言えるでしょう。舞洲《まいしま》ごみ処理場（大阪府）やMIHO MUSEUM（滋賀県）などアーティスティックで思わず見入ってしまうスポットは見事ですし、山崎蒸溜所（大阪府）などの日本ブランドを世界に向けて確立していくカリスマ性には驚かされます。

もちろん、仙洞御所（京都府）や那智の滝（和歌山県）のように、日本ならではの趣深く奥ゆかしいお寺や壮大で自然豊かなエリアも存在します。伊賀忍者の里（三重県）は日本の歴史性とエンタメ性を兼ね備えているので、外国人観光客の方にとても人気があります。

総じて、歴史を経て培ったセンスから創り出される高クオリティの観光スポットは近畿ならではと言えるでしょう。この章では、近畿でしか楽しめないユニークでオンリーワンな観光地を紹介していきます。

三重

伊《い》賀《が》忍者の里

世界に知られる忍者のふるさと

伊賀は、日本文化の象徴として名高い忍者の里です。「伊賀忍者・甲賀《こうが》忍者」は「日本遺産」にも認定されています。

伊賀流忍術はこの地で発展し、江戸時代以降、伊賀忍者は日本全国で活躍したとされています。市街地の北部には伊賀上野城の跡地を利用した上野公園があり、伊賀上野城に加えて伊賀流忍者博物館やだんじり会館など、主要な観光スポットが集まります。

街の周辺部には田園地帯が広がり、周囲は深い山々に囲まれています。盆地であり、古都の奈良や京都

三重　伊賀忍者の里　伊賀上野観光協会ウェブサイトより

に近い伊賀は「隠れ里」とも呼ばれており、何らかの理由で都を追われた人がやってくる土地柄だったともいいます。

人気の理由

忍者は海外でも「NINJA」で通じるほどに有名で、そのため伊賀市を訪れる外国人観光客は絶えません。

日本忍者協議会（Japan Ninja Council）は2017年、忍者コンテンツに関する世界規模の調査「忍者グローバル調査」を実施しました。その調査によると、忍者は世界でこのように捉えられています。

- 海外10ヶ国での忍者の認知度は何と98・7％で、調査対象国全てで97％以上の人が忍者について知っている
- 忍者についての理解で「現在も多数存在している」＋「数は少なくなったが現在も存在している」と回答した人は63・1％で、国ごとに見るとインドネシア（78・9％）とアメリカ（73・7％）ではその割合が高く、アメリカでは41・2％の人が「忍者は現在も多

数存在している」と回答しています

- 忍者を認知している人の中で、約50%の人が「忍者になりたい」と回答しました

忍者の里にある「だんじり会館」では、忍者の衣装を借りて忍者になりきることも可能です。忍者に憧《あこが》れ、忍者になりたいと思う外国人にとってはたまらないスポットでしょう。

注目ポイント

誰であれ、簡単に忍者の衣装を着こなして忍者体験ができる点が魅力です。忍者衣装を着たまま記念写真を撮影したり手裏剣打ち体験をしたり、忍者実演ショーを見学したり、博物館で忍者の歴史を学んだりと、さまざまな角度から忍者を楽しめます。

現代では日本人にとっても遠い存在の忍者ですが、その文化を訪ねて世界中の人々が伊賀に足を運んでいます。

兵庫

ジャズストリート

日本ジャズ発祥の地にして中心地

日本には「神戸発祥」といわれるものが数多くあります。神戸は洋服（洋裁業）発祥の地ですし、バレンタインチョコの文化やカフェの文化も神戸からはじまりました。他にも、かまぼこ、ウスターソースなど、枚挙にいとまがありません。

そして「ジャズ」もまた、実は神戸から日本全国に広まったものの一つです。ジャズの発祥はアメリカのニューオリンズだといわれていますが、ここも

兵庫　ジャズストリート　一般財団法人神戸観光局より

神戸と同じ港町です。共通する環境があるからこそ、日本で初めてジャズが受け入れられたのでしょうね。

神戸は歴史的に見ても、船や遠洋定期船の一大寄港地でした。そのため、国内外を問わずさまざまな文化が交錯する場所だったのです。外国文化が流入し、国内文化が海外に輸出されていく。そんな文化の交差点であった神戸の地にて、日本のジャズが産声を上げたのも不思議なことではありません。古くはデューク・エリントンやルイ・アームストロングといったジャズのレジェンドたちも、戦後のジャズ・ブームの時期に神戸を訪れたそうです。

神戸ジャズの始まりは1923年、「日本のジャズの父」とも呼ばれるバイオリン奏者井《い》田《だ》一郎《いちろう》が「ラフィング・スターズ」を結成し、日本で初めてプロバンドとして神戸でジャズを演奏したことに端を発します。やがて日本が戦時に突入すると、ジャズは「敵性音楽」として禁止されてしまいます。しかし、その火は絶えておらず、戦後には神戸や大阪の進駐軍のキャンプで再びジャズが演奏されるようになります。そして、昭和20年代後半から全国にジャズ喫茶とともにジャズ・ブームが広まっていきました。

1982年にはライブ会場でいろいろな演奏を聴いて回る「第一回神戸ジャズストリー

ト」が開催されます。やがて「神戸ジャズウォーク」や「神戸ジャズデイ」といったジャズイベントが次々と生まれ、神戸では街角で気軽にジャズに触れられるイベントが開催されるようになりました。

人気の理由

世界中で人気のジャズ・ミュージックですが、「ジャズストリート」のように、訪れた観光客が好奇心の赴《おもむ》くままに会場をめぐり歩くのがその特徴です。自らの足で魅力的な音楽と邂逅《かいこう》するまでの過程が、海外からは魅力的に捉えられているようです。

注目ポイント

外国人が訪れる人気のジャズライブレストランに「ソネ」があります。神戸で1969年にオープンした「ソネ」は、「最高のライブミュージック会場の一つ」と評判です。オーナーの祖母が1960年に旅館として開業した建物も魅力的で、年代物の家具でエレガントに装飾された広々とした部屋と、ステンドグラスの家具が飾られた華やかなバーで、毎晩のセットを楽しむことができます。

兵庫 ニジゲンノモリ

クールジャパンを体感できるテーマパーク

兵庫県に属する瀬戸内海最大の島、淡路島《あわじしま》。島内には県立淡路島公園という大きな公園があります。4つのゾーンに分かれたファミリー層に人気の公園ですが、この公園内にひときわ変わったテーマパークがあります。それが「ニジゲンノモリ」です。ここは『ドラゴンクエスト』『ゴジラ』『NARUTO』など、世界中で人気の日本のコンテンツをアトラクションとして楽しめるテーマパークなのです。

最新テクノロジーを使用し、まるで作品の中へ入り込んだような錯覚を起こす幻想的なアトラクションや、二次元コンテンツの世界観を踏襲したアクティビティなど、アニメをはじめとするクールジャパンコンテンツに新しい価値を付加した、まったく新しい二次元体験に出会えます。

人気の理由

日本のマンガやアニメは世界中で人気です。『ドラゴンボール』『ONE PIECE』『NARUTO』などをはじめ、2020年代にブームとなった近年の作品では『鬼滅の刃』『呪術廻戦』など、世界中で大反響を呼んでいるアニメは数えきれません。もちろんゲームも忘れてはなりません。

中でも、『ドラゴンクエスト』『ゴジラ』『NARUTO』などは、どこの国に行っても通じるほど知名度のある作品です。それがアクティビティとして体験できるのですから、アニメ、ゲーム、特撮好きの外国人にとっては夢のような施設といえるのではないでしょうか。

テーマパークがあるのは淡路島という離島ですが、それでも大阪や神戸などから大変アクセスしやすい位置にあります。公共交通機関を使っても、大阪なんばからなら2時間程度、神戸三ノ宮からなら1時間程度で到着します。旅行スケジュールの合間を縫《ぬ》って訪れやすいのも人気の理由でしょう。

注目ポイント

『ドラゴンクエスト』の世界観を全身で体感しながら冒険を楽しめる「ドラゴンクエストアイランド　いにしえの魔神と導かれし冒険者たち」、ゴジラの体内にジップラインで進入し、内部からゴジラの細胞の破壊を試みる「ゴジラ迎撃作戦」、忍者の修業を体感できる「NARUTO&BORUTO忍里」、日本人なら誰でも知っている名作アニメーション『クレヨンしんちゃん』の世界に入り込める「クレヨンしんちゃんアドベンチャーパーク」、そして現在話第沸騰中の『SPY×FAMILY』の5つのアトラクションが楽しめます。

これらの作品のファンだという方は、関西旅行の際にぜひ訪れてみてはいかがでしょうか。

京都

仙洞御所《せんとうごしょ》

天皇が宿泊する現役の建物を見学

仙洞御所は京都府京都市上京区に位置する御所（天皇や皇族の住居）です。退位した天皇（上皇）のための施設であり、京都御所に隣接する今の場所に定まったのは１６３０年、後水尾《ごみずのお》上皇とその后《きさき》の東福門《とうふくもん》院《いん》のために造営された時まで遡るそうです。仙洞御所は１８５４年の火災で主要な建物が焼失しており、今でも再建されていません。ただし、上皇の后のための御所である大宮《おおみや》御所は１８６７年に整備されており、今でも天皇皇后両陛下が京都に来られた際のご宿泊所として用いられます。大宮御所は今でも活

京都　仙洞御所　写真ACより

用される現役の宿泊施設ですが、ここに泊まれるのは天皇と皇后一家、そして外国の王族のみで、実際に英国のエリザベス女王やチャールズ皇太子夫妻もこの建物に宿泊しました。

人気の理由

実際に日本や海外の王族が宿泊している現役の施設を見学できる点がユニークに思われるようです。美しい庭もアピールポイントではありますが、訪れる人は施設を見学するツアーへの申し込み客がほとんどです。このツアーは警備の都合上、一日に参観できる人数が決まっているようで、人によっては一か月以上前から予約するといいます。ツアーは日本語で開催されますが、英語やスペイン語など多言語に対応したオーディオガイドが無料で提供されるため、日本語の説明がわからずとも最低限の解説を聞くことはできるようです。

ツアーは事前予約していなくても、当日空きがあれば参加できるようです。ただし、一日に3回だけの開催で各回35名が定員となっているため、当日の参加申し込みは運に左右される部分があります。確実に中を見学したいのであれば、事前に予約しておく方がよいでしょう。

注目ポイント

約9万平方メートルという仙洞御所の広大な敷地の大部分を占める庭園も一見の価値があります。茶人として有名な小堀遠州《こぼりえんしゅう》や、茶道石州流《せきしゅうりゅう》の祖である片桐石州、また後水尾上皇本人も作庭《さくてい》に関わったという歴史的意義に加え、春には桜や藤、秋には木々の紅葉など四季折々の姿を楽しむことができます。

大阪

山崎蒸溜所

日本ウイスキーの聖地

工場見学――社会科見学などで小さいころに経験した方も多いでしょうが、その魅力は大人になってから初めてわかるようになります。特にお酒工場の見学では、試飲体験など大人ならではの楽しみが少なくありません。

日本人にも人気なお酒工場の見学ですが、実は外国人に大人気の工場が大阪にあります。それが、大阪北東部に位置するサントリーの山崎蒸溜所です。時に「京都の山崎蒸溜所」と書かれていることもありますが、立地しているのは大阪です。

大阪　山崎蒸溜所　サントリー株式会社提供

この工場では、ウイスキーの試飲や製造工程の見学などが好評です。有料のガイドツアーは人気があり、事前抽選制となっています。一大観光地である京都や大阪からアクセスが良いのもその一因です。

自分のペースで山崎ウイスキー館の館内を見学するもよし、ガイドツアーに申し込んで解説を聞きながら楽しむもよし。特にガイドツアーの最後には、ウイスキーの原酒をテイスティングする時間もあり、大変好評です。

人気の理由

今や世界五大ウイスキーの一つとして数えられるジャパニーズウイスキーですが、その日本最初の蒸溜所が山崎蒸溜所です。大阪府の山崎と言えば、古くは万葉の歌にも詠まれたほどの名水の地。欧米のウイスキーに比べると歴史は新しいですが、日本ならではの味わいがあると世界的に高い評価を得ています。

山崎蒸溜所で生み出されたシングルモルトウイスキー「山崎12年」は2003年、世界でも権威ある酒類コンペティション「ISC（インターナショナル・スピリッツ・チャレンジ）2003」でジャパニーズウイスキーとして初の金賞に輝き、その魅力が認知されるようになりました。欧米とは異なるスタイルで生み出されるジャパニーズウイスキーの複雑で繊細な味は、後発ながらも世界中の飲み手を魅了してやみません。

注目ポイント

海外でも注目されているジャパニーズウイスキーが試飲できるのも工場ならではです。実際につくられているところを見学したばかりの山崎蒸溜所のウイスキーを試飲できるのは魅力的です。試飲は、工場にとっても新たな販売顧客の開拓にもなっています。山崎蒸溜所では外国人向けに音声ガイドの案内が用意されています。「世界中のお客様に来てほしいから」と語る姿勢からは、日本のウイスキーの味を世界に広めたいと願う熱い思いが伝わってきます。

和歌山

那《な》智《ち》の滝

修験道の聖地から外国人に人気の観光地へ

和歌山県東牟婁郡《ひがしむろぐん》にある国の名勝「那智の滝」は、133メートルという日本最大級の落差を誇る滝です。択捉《えとろふ》島には落差が140メートルというラッキベツの滝がありますが、「日本一落差が大きい滝」として一般に広く知られているのはこの那智の滝です。那智の滝は、2004年にユネスコの世界遺産に登録された「紀伊山地の霊場と参詣道」を構成する一部

和歌山　那智の滝　公益社団法人和歌山県観光連盟提供

です。

那智の滝の周辺には多くの寺や神社もあります。これらは、古来日本より伝わる「熊野《くまの》信仰」に深く関わっています。熊野信仰を奉じる修験者たちは、「紀伊山地の霊場と参詣道」にも含まれている「熊野古道」を踏破し、熊野三山（熊野本宮大社、熊野速玉大社、熊野那智大社）へ向かいました。那智の滝もまた、修験者たちによる修行に使われてきた歴史があります。

人気の理由

山々の奥深くに分け入り、雄大な自然を楽しめるのがこの地域の大きな魅力となっているようです。熊野古道はもともと修行を行う修験者の道ですが、現在は整備も進んでおり、道中ゆっくりと歩きながら自然の魅力を味わえ、そして那智の滝では大きな落差が折りなす迫力と壮大な景色を目の当たりにすることができます。

また那智の滝周辺では、寺や神社でのお参りやおみくじなどはもちろん、滝行《たきぎょう》が体験できる場所もあり、土産店や宿泊施設等も充実しています。これらのことから、自然を楽しみたい、さらには日本の伝統文化に触れるスピリチュアルな体験をしてみたいという外国人観光客からの人気が高まっているようです。特にオーストラリアや英国、米国からの観光客が目立って多いといいます。

注目ポイント

スペインの観光名所「サンティアゴ・デ・コンポステーラの巡礼路」は熊野古道と同じく巡礼路で、どちらも世界遺産ということもあって、相互の魅力発信のために提携を結んでいます。このような取り組みもまた、外国人観光客からの人気を集める要因となっているようです。

古くから熊野古道沿道の人々には巡礼者をもてなすという伝統があり、外国人観光客の中にはこのような地元住民との交流を楽しむ人もいるようです。熊野古道がある和歌山県田辺《たなべ》市では2011年から2016年にかけて、外国人宿泊者数が約1200人から3万人へと大幅に増加しました。

滋賀

MIHO MUSEUM

世界レベルの美術館建築とコレクション

「MIHO MUSEUM」は滋賀県甲賀市《こうが》にある美術館です。自然保護地区に位置し、周囲の環境保護のために建物全体の約80%が地下に埋められています。建物は、世界的に有名な建築家であるI・M・ペイ氏によって設計され、「自然の中に同化した建物のすがたが、非常に意識的にデザインした結果だということをわかってもらえると信じている」と氏がコメントするように、自然との調和を見て取れるデ

ザインとなっています。

「美術を通して、世の中を美しく、平和に、楽しいものに」という理念のもと、創立者・小山美秀子《こやまみほこ》による日本美術のコレクションからＭＩＨＯ ＭＵＳＥＵＭは始まりました。以来、ＭＩＨＯ ＭＵＳＥＵＭは幅広く美術品を充実させ、日本の仏教絵画から東アジア・西アジア地域の貴重な美術品、さらにはエジプトやギリシア、アメリカにいたるまで、幅広い地域の古代美術を見ることができます。特に日本ならびに古代オリエント地域に由来するコレクションは世界でも有数の充実した内容で、約３０００点のコレクションの中から常時約２５０～５００点が展示されています。

人気の理由

ＭＩＨＯ ＭＵＳＥＵＭは、世界的なファッションブランドであるルイ・ヴィトンの２０１８クルーズコレクションの舞台にも選ばれました。このことは『ニューヨーク・タイムズ』でも取り上げられ、これによってＭＩＨＯ ＭＵＳＥＵＭは世界からも大きな注目を集めました。ＭＩＨＯ ＭＵＳＥＵＭは設計にＩ・Ｍ・ペイ氏が携《たずさ》わったことや、スペインのビルバオ・グッゲンハイム美術館とも開館の年が重なったこともあり海外の雑誌で紹介されるなど、開館当初から日本よりも海外からの注目度が高かったようです。2016年には約16万人の来館者のうち20％が海外からの来館者でした。

ヴィトンのデザイナーであるジェスキエール氏が評価したポイントも自然との調和でした。MIHO MUSEUMのデザインは、多くの人の興味を惹きつけてやみません。ガラス屋根に覆われた展示棟では、四方から差し込む光と山々の景色が、現代建築と自然の見事な調和を見せてくれます。

注目ポイント

美術館のモチーフには中国の詩人、陶淵明の『桃花源記』に描かれる「桃源郷」もあるそうで、入口の桜並木からトンネル、吊り橋を経て美術館にたどり着くという行程が、奥深い自然の中にある理想郷というビジョンを感じさせます。展示を見てちょっと一息つきたいときは、併設されているカフェやレストランで自然農法の食材にこだわったメニューを堪能できます。

奈良

金魚ミュージアム

新しい金魚像を世界に発信

「奈良金魚ミュージアム」は奈良県奈良市にある金魚をテーマとした博物館です。全38種、2000匹にものぼる大量の金魚がいる巨大博物館です。

奈良は、日本三大金魚産地の一つであり、奈良県大和郡山《やまとこおりやま》市では、定期的に全国金魚すくい大会が開かれるなど、奈良と金魚とは切っても切れない関係にあります。奈良県における金魚の歴史は江戸時代まで遡るそうで、思っている以上に奥深いものがあ

奈良　金魚ミュージアム　写真ACより

ります。

奈良金魚ミュージアムでは、アクアリウムとパワースポットを融合させた、まったく新しい楽しみ方を訪問客に提案しており、五感全てを使って金魚の魅力を楽しめる施設になっています。プロジェクションマッピング、フラワー、テラリウム、ミラーボールなど、アーティストたちがテーマに沿って金魚を配置し、ありとあらゆる金魚の見せ方を体験できます。カメラ撮影が可能なのもうれしいポイントです。奈良市役所のすぐ近くにありアクセスが非常によい点、比較的混雑しない点も観光客にやさしいですね。

人気の理由

アクアリウムのプロがプロデュースした、金魚とアートの融合した新たな芸術作品が楽しめる施設として世界的に人気を博しており、その特徴から「ジャパニーズ・アクアリウム・ディスコ」とも呼ばれています。

そもそも欧米やヨーロッパでは現在、金魚や錦鯉などの観賞魚類がブームで、日本人はみんな金魚や鯉をペットに飼っていると思っている人も少なくないほどです。そうした背景から、欧米で人気の金魚を、最新の画像投影技術や照明技術で魅せる奈良金魚ミュージアムは、「日本らしい金魚」像を刷新するものだといえるでしょう。

注目ポイント

さまざまなアーティストが手を変え品を変えながら提供してくれる光と音の芸術は、金魚に親しんでいる日本人にも一見の価値があります。特に、世界初のダイヤモンド型水槽や巨大なクリスタル水槽の中を優美に泳ぐ金魚の姿や、トリックアートによる金魚の展示は、新たな日本らしさの形を示しているともいえます。

大阪

舞洲《まいしま》ゴミ処理場

世界で最も美しいゴミ焼却場

大阪、舞洲。大阪湾に浮かぶ人工島の中のこの地域には、美しい百合園と巨大なスタジアムが位置しています。ですが、もう一つ特徴的な建造物があることをご存じでしょうか？

その施設とは、なんと「ゴミ処理場」。世界で最も美しいゴミ焼却場として話題になった、ユニーク極まりない外装のゴミ処理場が、世界中で大注目を浴びているのです。

大阪　舞洲ゴミ処理場　写真ACより

この建物は、2008年に大阪にオリンピックを誘致する際、会場の目玉となるモニュメントとして建設されました。結局、このときは大阪オリンピックの誘致に成功しませんでしたが、舞洲ゴミ処理場自体は、予定通り建設計画が進められました。

設計を手がけたのはオーストリアの芸術家にして建築家であるフリーデンスライヒ・フンデルトヴァッサー氏。「自然との調和」を目指した作品作りで知られる彼の建築には一切の直線がありません。それは「自然界には直線はない」という彼の信念に基づくものです。実際に、この舞洲ゴミ処理場にも直線的なあしらいはまったく使われていません。まるで童話の世界から飛び出してきたかのようなメルヘン極まりない立ち姿に、ゴミ処理場であることを忘れてしまうほどの楽しさがあると、世界中から好奇の視線が集まっています。

人気の理由

フンデルトヴァッサー氏による世界的に非常にユニークな外観が人気の秘密です。まるでユニバーサルスタジオの一部かのようにも思えてしまう現実離れした光景は、舞洲でしか見られないものでしょう。

外観の芸術性に対して、内部がごみの焼却工場であることのギャップに感動を覚える方も多いようです。中には日本人の環境を守る姿勢と遊び心が同時に表れた施設だという方もいます。

大阪駅からアクセスしやすいところも嬉しいポイントです。

注目ポイント

外観はいつでも見学できますが、日程によってはゴミ処理場内部まで見学できるツアーが組まれることもあります。訪問する際には事前に公式サイトを確認し、内部まで見学できる「オープンデー」がないか把握しておくのがおすすめです。

章間コラム

日本語

日本人はさまざまな海藻《かいそう》を呼び分けます。「昆布」「わかめ」「もずく」など、それぞれの個別の名前を持っていますよね。一方で、英語ではseaweedと一緒くたにしてしまいます。

逆に外国語のほうが詳しく分類している概念もあります。海を漂《ただよ》う氷の塊を日本人はすべて「流氷」と呼びますが、寒い地域に暮らしてきたイヌイットたちは細かく幾種類も呼び分けるといいます。日本人は誰かを呼ぶとき、その人が男性か女性か、未婚か既婚かは気にせず「○○さん」と呼びますが、英語圏ではMr.やMs.など、細かく区分しますよね。このように、言葉の細かさはそれぞれの言語圏の世界の見方を表しているのです。

日本語がたくさんの語彙《ごい》を持っているものといえば、雨の呼び方です。降る時期や時間帯、振り方によって「梅雨」「小ぬか雨」「小雨」「霧雨」「雷雨」「五月雨《さみだれ》」「氷雨」「長雨」「豪雨」「時雨《しぐれ》」「春雨」「緑雨」「秋雨」「秋霖《しゅうりん》」……と、非常にたくさんの雨の呼び名があります。英語でも雨を表す言葉はいくつもあり、一般的なのはheavy rain（大雨）、light rain（小雨）、drizzling（霧雨）やdownpour（どしゃぶり）などが挙げられますが、日本語の数には及びません。日本は高温多湿で雨が多く、季節や気候によってさまざまな特性を持った雨が降るため、それらを言い分ける必要があったのでしょう。

最近ではあまり使われませんが、花が散ることを表す動詞が、花の種類によって異なるのも日本語の特色です。桜は「散る」、梅は「こぼれる」、朝顔は「しぼむ」、牡丹は「崩れる」、椿は「落ちる」と、こちらもバラエティに富んだ言い方が存在しています。これがなぜなのかも考えてみると、日本文化への理解がさらに深まるかもしれません。

交番

日本は世界でも屈指の治安がよい国として知られています。子供が一人で外を出歩くことや、交通機関で眠ること、ズボンの後ろポケットに財布を入れることなどは日本では当たり前ですが、これらは海外では信じられないことなのです。

なぜ、日本は治安が安定しているのでしょうか。それは日本独自の警察制度、「交番」があるからだと考えられます。

明治時代の日本で生まれた「交番」ですが、元々は東京で邏卒《らそつ》（警察官）を3000人採用し、屯所《とんしょ》（警察署）を中心にパトロールをさせたのが起源です。これが月日の流れとともに変化し、今の交番制度となります。

交番での活動はパトロール、道案内、交通安全活動、巡回連絡、地域住民の困りごと相談など、多岐にわたります。交番の特徴の一つに、地域の人とのコミュニケーションを大切にしながら、防犯に努めることが挙げられます。

地域住民の身近な存在となることは、犯罪を未然に防ぐことにつながります。地域住民からの情報共有が活発になるからです。海外では警察署はあっても、日本の交番のように地域の人と密接に関わる制度はありませんでした。そのため、事前の犯罪察知が難しく、既に起きた犯罪を追う形が多いため犯罪数は減少しませんでした。

ところが、戦後に日本の治安の良さに注目が集まると、交番のシステムが評判となります。そして、このシステムが海外でも「KOBAN」として取り入れられました。日本警察の協力もあり、実際に犯罪数を激減させられたそうです。

　実際にこのシステムを取り入れた国の一つであるブラジルのある地区では、1日に殺人事件が12件発生するほどの犯罪多発に悩まされていました。そこで日本の交番制度を導入し、時間をかけて警察が根気強く地域と向き合った結果、少しずつ地元住民に受け入れられていきました。そして、交番主催の柔道教室や、図書館など地域住民とのコミュニティを設ける機会を独自で作り上げ、犯罪数も激減したそうです。

　日本で生まれた「交番」システムは今や日本だけでなく、世界の治安を守っています。

第5章

中国・四国の
知られざる観光名所

日本海と瀬戸内海に面した中国・四国地方は、暖かい気候が特徴的な自然に囲まれた地域です。

一年を通して雨が少なく、東京よりも過ごしやすい気候であることから外国人に人気なのです。

その中でも瀬戸内海に浮かぶ島々は、それぞれ違った魅力があり、アートで有名な岡山市唯一の有人島や、うさぎや猫と触れ合える島は世界的に認知されています。

地中海性気候に気候が似ているといわれる瀬戸内海地域では、柑橘類やオリーブの生産、養殖業が盛んです。西洋に似ているのは産業だけではなく、高知の「モネの庭」はフランス国外で唯一モネの愛した庭園を楽しめる場所として有名で、日本人だけでなく外国人もよく訪れています。

また四国の観光といえば、歴史を感じながら八十八ヶ所の霊場を巡るお遍《へん》路《ろ》が有名です。それは外国人にとっても同じで、中でも香川県の琴平《ことひら》は外せないスポットなのだそう。住んでいる人よりもカカシの数の方が多い徳島県の「かかしの里」は日本にしかないかかしが町の至るところに立っており、「珍しい」と外国人の興味を惹いています。

山陰地方というと、自然に囲まれた静かなイメージがあり、日本人からすると車がないと行きづらいという印象があるかもしれませんが、意外にも外国人に人気のエリアです。最も危険な国宝と言われている三徳山三佛寺《みとくさんさんぶつじ》の投《なげ》入堂《いれどう》や、歴史を感じる石見《いわみ》銀山は一年を通して外国人観光客が絶えません。

そして今一番話題となっているのが、『ニューヨーク・タイムズ』で取り上げられた山口県の瑠璃《るり》光寺《こうじ》五《ご》重塔《じゅうのとう》です。西の京都と呼ばれる山口県の瑠璃光寺五重塔は、時間によってその表情を変えるので有名です。

出雲大社《いずもたいしゃ》やさぬきうどんなど、県ごとに特徴的な観光資源があるイメージの中国・四国地方ですが、外国人の視点から見るとまた別の魅力が発見できます。思わぬ話題から、歴史的背景から、アートプロジェクトから、さまざまな切り口で外国人に人気となった観光地を一つ一つ見ていきましょう。

岡山

犬島《いぬじま》

島全体がアートの小島

岡山市東部、宝伝から約3キロほどの沖合に浮かぶ「犬島」は岡山市唯一の有人島です。岡山駅から電車とバス、フェリーを乗り継いで向かうこの島は、瀬戸内海に浮かぶアートの島として世界的に有名です。車でのアクセスが便利ですが、車自体は島へ渡れません。

犬島の観光名所には「遺産・建築・アート・環境」をテーマに、近代産業遺産でもある銅の精錬所跡を再生した「犬島精錬所美術館」があります。また、2010年から犬島の集落で展開されている「家プ

岡山　犬島　

ロジェクト」も注目を集めています。「家プロジェクト」とは「日常の中の美しい風景や作品の向こうに広がる身近な自然を感じられるように」がコンセプトのギャラリー群です。島の豊かな自然を満喫しながらのキャンプや海水浴、シーカヤック体験などの楽しみも充実しています。

古くは「犬島みかげ」と呼ばれる花崗岩《かこうがん》の産出で知られ、大阪城や江戸城、岡山城の石垣、明治の大阪港築港でも礎石の切り出し場となりました。現在、犬島海水浴場は廃止されていますが、それを補って余りある芸術の島です。

人気の理由

家プロジェクトが外国人観光客に大好評を博しているようです。島全体がアートとなっていてじっくりと観光できるので、わずか一時間ほどで島を一周できる小さな島にもかかわらず、複数日滞在するための宿泊や食事施設が充実しており、泊りがけでの観光客も多いです。観光キュレーターの長谷川祐子氏によって生み出された、日本の原風景とアートを共生させた不思議な空間は、古来の日本とも、今の日本とも似つかないような、奇妙な魅力にあふれています。家自体がギャラリーであり、展示物と化しているため、従来の美術館のように展示物と展示空間の境目がはっきりしていません。島を訪れた訪問客たちは、自分たちを含めた空間全てがアートとなったような不思議な感覚に襲われます。

注目ポイント

島自体がアートなので、観光客が芸術空間の創成に携われるところが魅力的です。近年では、ホッピーの酒造会社と提携し、一軒家を改装してつくられた「ホッピーバー」や、岡山市営の宿泊施設「犬島自然の家」などによって、島の滞在へのハードルが以前より低くなっています。犬島自然の家では天体望遠鏡の設備がそろっており、夜には天体観測を楽しめます。犬島キャンプ場ではバーベキューを楽しめるなど、アート以外のアクティビティも充実しているため、島での滞在で手持ち無沙汰になることはまずないでしょう。

岡山

真《ま》鍋《なべ》島《しま》

ヨーロッパで知名度抜群の猫の島

国土地理院によると、日本に存在する島の数は1万4125にも及ぶといわれます。大小さまざまな島によって形成される日本には八丈島や西表《いりおもて》島などの有名な島もある一方で、無名の島々も無数に存在します。そんな島々の中でも、「猫の島」と呼ばれる島は多くありません。「島に住んでいる人の数よりも、猫の数のほうが多い」となれば、なおさらです。

岡山県の「真鍋島」はその猫の数から有名になった観光地です。ただし、2015年ごろから急激に猫の数が減少しているそうで、実際、徐々に猫の生

岡山　真鍋島　© 岡山県観光連盟

息数は減っていて今では最盛期ほどの勢いはないようです。

もちろん、猫以外にも魅力はあります。昭和初期の漁村の風景が残った、風情のある本浦の町並みと、映画『瀬戸内少年野球団』のロケにも使われた真鍋中学校です。

人気の理由

日本に行きやすいアジア各国ばかりでなく、ヨーロッパからの観光客が多いのが真鍋島の面白いところです。

ヨーロッパでの知名度向上のきっかけは、フランス人イラストレーターであるフロラン・シャヴエによる一冊の本でした。彼が著書『Manabeshima Island Japan』内で、真鍋島の魅力を温かみあふれるイラストで取り上げたことから、海外にこの島が知れわたったのです。海外サイトでも「住民の数よりも猫の数の方が多い」と言われるほど、今では「猫の島」のイメージが定着しています。

ちなみにシャヴエ氏は他にも『東京散歩』という本を執筆しており、日本やアジア諸国の何気ない一面を、鋭い観察眼の下に捉え、独特な柔らかいタッチのイラストに仕上げることで、アジアの魅力を発信しています。

注目ポイント

真鍋島では民泊が人気で、真鍋島近郊でとれたばかりのサワラ、ヒラメ、スズキなど、漁村ならではの新鮮な魚介類を使った料理が海外からの観光客に大いに喜ばれるようです。

海外旅行者による真鍋島旅行記には、愛くるしい猫たちの写真とともに、刺身に対する賛辞も必ず書かれています。魚介と猫に魅力を感じる方にはたまらない思い出となるでしょう。

広島

大《おお》久《く》野《の》島《じま》

地図から消された「うさぎの島」

広島県には瀬戸内海にいくつかの離島があるのをご存じでしょうか。

その中の一つに「大久野島」があります。野生のうさぎがたくさん島に住み着いているので、別名「うさぎ島」と呼ばれています。周囲4・3キロメートルの小さな島ですが、観光客の方々からとても人気の高い島となっています。竹原市の調査によると世界各国から観光客が訪れているそうですが、なぜうさぎの島となり、また広く知られるようになったのでしょうか？

広島　大久野島　写真ACより

人気の理由

大久野島がなぜ人気スポットとなったのか。それは『Laughing Squid』というサイトに投稿された一本の記事がきっかけです。"A Herd of Wild Rabbits Chase Down a Woman Giving Out Treat During Her Visit To Rabbit Island in Japan"（野うさぎの群れが、日本のうさぎ島を訪れた女性を追い詰めた）という記事がSNSを通じて拡散され、かわいいうさぎに会いたいと外国人の方が押し寄せて今に至ります。

注目ポイント

残念なことに、うさぎ目当ての観光客が増えることは、うさぎに対して悪影響があるのもまた事実です。観光客がうさぎに与えたエサの残りを放置し、それにカラス、ネズミ、イノシシなどが寄り付くことで生態系が乱され、弱ったうさぎをカラスが捕食してしまうこともあるそうです。人気観光地の弊害《へいがい》として、マナーを守らない観光客の存在はつきものですが、対策が必要なのは間違いありません。

大久野島は、うさぎ島のかわいい側面だけではなく、戦争のリアルを伝える側面も持ち合わせています。この島は「地図から消された島」とも呼ばれています。なぜかというと、

1929年から1945年まで、日本の化学兵器製造拠点として第二次世界大戦で使用するための毒ガスの製造を行う、重大な国家機密の島として扱われていたからです。そのため、数々の戦争遺跡がいまだに残ったままとなっており、発電所跡や毒ガス貯蔵庫跡、砲台跡、火薬庫跡などを見ることができます。

このように大久野島は、「うさぎ島」と「地図から消された島」の2つの側面を有しています。ただのインスタ映えスポットではなく、毒ガスが実際に作られていた現場なのです。これからさらに観光地として有名になることで、知られざる歴史の暗部にも光が当たることになるのかもしれません。

鳥取

三徳山三佛寺《みとくさんさんぶつじ》投入堂《なげいれどう》

日本より世界で有名な「最も危険な国宝」

多くの人が鳥取と聞いて思い浮かべる観光名所は鳥取砂丘でしょう。しかし鳥取、実は砂丘とラクダだけの場所じゃないんです。実は外国人観光客の方に人気のスポットがあるのです。それが「三徳山三佛寺の奥の院の投入堂」です。

このお堂、なぜ外国の観光客の方々に人気なのでしょうか？

鳥取　三徳山三佛寺投入堂　© 鳥取県

人気の理由

三佛寺の投入堂は重要文化財、国宝に登録されています。しかし、国内での知名度はあまり高くありません。ではなぜ、外国の方がよく知っているのでしょう。

実はこの場所、訪日外国人向けのサイト『GaijinPot』で「2019年の旅行先トップ10」として取り上げられ、そこから認知されるようになったのです。

この投入堂はしばしば「最も危険な国宝」と言われます。その名に違わず断崖絶壁《だんがいぜっぺき》に位置しており、投入堂にたどり着くには険《けわ》しい森を越えねばなりません。険しい森を抜けると、途中に「文殊堂《もんじゅどう》」という場所があります。そこからは周囲の風景を一望でき、写真スポットとなっています。

投入堂では、観光客向けにVRで投入堂を体験できるサービスも始まっています。日本語版だけでなく英語版もあり、インバウンド対策をしているのが目に見えてわかります。

注目ポイント

みなさんは「どっこいしょ」という言葉を使ったことがありますか？　ある説によると、「どっこいしょ」は修行者が三徳山に登っているときに、「六根清浄」と唱えていたのがなまったものだと言われているそうです。意外と身近なところで、投入堂由来の言葉を使っているのかもしれません。

投入堂は平安時代後期に作られたとされていますが、行くだけでも大変な断崖絶壁にどのようにして建てたのかは解明されていません。一体どのように作られたのか、修行僧がどんな想いを胸に投入堂へ向かったのか。日本人の我々こそ、一度足を運んでみる価値があるのではないでしょうか。

島根

石見《いわみ》銀山

ありのままの魅力で世界遺産へ

「石見銀山」――みなさんは間違えずに読めましたでしょうか？

「いしみ」ではなく「いわみ」と読みます。そんな石見銀山ですが、多くの外国人観光客が訪れる世界的にも有名な人気スポットです。果たして、どんな魅力があるのでしょうか？

人気の理由

石見銀山は2007年に世界遺産に登録されています。世界遺産登録時に評価されたポイントは、

島根　石見銀山　大田市観光協会ウェブサイトより

①世界的・国内的に重要な経済・文化交流を生み出した
②伝統的技術による銀生産をあらわす遺構が豊富かつ良好に残されている
③銀の生産に関する遺構だけでなく管理、流通などの運営の全体像を示す遺構を良好に残し、そこでは今日まで地域住民の生活が続いている、また豊かな自然環境と一体となった文化的景観を形成している

の3点です。石見銀山は鉱山跡だけが遺産登録されているのではなく、周りの山も含めて世界遺産となっており、その厳《おごそ》かで重厚な雰囲気は観光客の心を引き留めます。
また、石見銀山からほど近い大森町の街並みも定番の観光地です。銀山へと続く道を進んでいくと、まるで江戸時代そのままのような町が見えてきます。都会のような煌《きら》びやかさはなく質素なのですが、古風な雰囲気にどこか心躍ると外国人観光客に人気です。

注目ポイント

注目すべきポイントは、石見銀山のある大田市が金銭面でもインバウンドに対する施策

を打ち出していることです。

例えば、石見銀山では世界遺産に認定された理由の一つでもある「国外との交流の歴史」を詳しく伝えるために通訳の採用に力を入れています。その他にも景観向上のために、遊歩道など遺跡周りの設備の改修、修繕に予算をかけています。

筆者は、石見銀山はインバウンド消費などの経済的メリットよりも、石見銀山の良さを深く知ってもらうことで心を満足させる方向に舵を切っているという印象を持ちました。

外国人気を出すやり方が種々ある中で、着飾りすぎないありのままの魅力で海外の方を引き寄せる石見銀山。まだまだその魅力に気づけていないのは我々日本人なのかもしれません。

山口

瑠《る》璃《り》光《こう》寺《じ》五《ご》重塔《じゅうのとう》

「西の京都」一番の名所

みなさんは「山口県で訪れた方がいい場所を一つ教えて」と言われて、答えられますか？

山口県に縁のある方でないと、すぐに答えるのは難しいかもしれません。しかし、日本人の間ではまだ有名でないものの、いま世界的にホットな場所が山口にあるのです。それが「瑠璃光寺五重塔」です。

瑠璃光寺五重塔は、なぜ外国人観光客に有名になったのでしょうか？

山口　瑠璃光寺五重塔　山口県観光ウェブサイトより

人気の理由

種明かしをすると、『ニューヨーク・タイムズ』紙で「2024年に行くべき52の場所」に山口市が選出され、その記事で紹介されていたのが瑠璃光寺五重塔だった、というのが人気の理由です。52ヶ所の中で日本からランクインしたのは山口だけで、それも北アメリカの皆既日食、フランスのパリについで3番目という高順位でした。記事によると、「西の京都とも呼ばれ、多すぎる観光客に悩まされる事が少ないコンパクトな都市」と記されています。

注目ポイント

では、瑠璃光寺五重塔とはどのような場所なのでしょうか?

まず写真を見るとわかる通り、立派な木々や花に囲まれて、見る人を圧倒する風格があります。時間帯によって異なる表情を楽しむことができます。日中は爽《さわ》やかな日差しと生き生きとした木々が出迎え、夕方は沈む太陽と霧や雲があいまって、どこか寂しげでドラマチックな、ザ・日本というべき夕暮れ。そして夜は五重塔のライトアップやイルミネーションが楽しめます。

また、季節ごとに異なる花や景色も特筆に値します。春は梅や桜、夏は新緑、秋には紅葉、冬になれば雪が積もり、いつでも絶景です。日本人にとっては馴染み深い、言ってしまえば見慣れたものですが、それらが総覧できる場所というのは、実は外国人にとってはありがたい存在なのです。

瑠璃光寺五重塔は国宝であり、法隆寺、醍醐寺の五重塔と並ぶ日本三名塔の一つでもあります。山口県観光サイトによると、「室町時代、長門・周防国（現在の山口県）の守護であった24代大内弘世が、京の都を模した街づくりを進めた山口の地で花開いた大内文化の最高傑作といわれています」と書かれています。このように歴史的背景も一級なのです。

徳島 かかしの里

人間よりかかしが多い村

過疎《かそ》集落——日本でも問題になっている、人がいなくなってしまった地方農村部の集落をこういいます。２０１９年の総務省調査によれば、日本全国にある過疎集落の数は6万を超えると言われています。徳島県三好《みよし》市にある集落・名頃《なごろ》もその一つで、この地域にはもはや30人程度（２０１７年集計）しか暮らしていません。

ですが、この名頃が、いま世界中から注目を集めています。この村に、人間の数をはるかに上回る「かかし人形」が、いたるところに設置されているた

徳島　かかしの里　とくしまフォトギャラリーより

めです。何も知らずに村を訪れたら、集落のあちこちで井戸端会議をしたり、村の畑で働く人がいたりと意外と活気にあふれていると思うはずです。しかし、そのほとんどはよく見るとかかし人形なのです。「かかしの里」とはこのことからついた名前です。また、集落が非常に高い場所に位置することから、別名「天空の村」とも呼ばれます。

村に設置された人形の数は、なんと100体以上。その人形は1体1体が「かかし基本台帳」に登録されており、それぞれ名前も付いていて、立派な村民として暮らしを共にしています。人形たちには外見や服装にそれぞれ個性があり、ほのぼのとする光景を醸し出していますが、人口減少社会での「限界集落」の現実を浮き彫りにしているだけに、見方によっては怖ささえ感じられるかもしれません。

人気の理由

世界広しといえども、村じゅうに人形が配置されている村は、おそらく名頃しかないでしょう。2014年の春ごろ、名頃を訪れたドイツ人留学生が、名頃村の様子を動画撮影してネットに投稿したところ、世界中で50万回以上も再生され話題になりました。一見奇妙な光景が広がる村ですが、訪れた海外観光客からは「村を再び活気づけるすばらしい方法だと思う」と感嘆の対象となっています。

注目ポイント

さて、読者のみなさんはこんな疑問を持たれたのではないでしょうか？

「かかしの里のかかしをつくったのは、一体どこの誰なんだ？」

もしかしたら、「村をあげてかかしを作り始めたのだ」と考えた方もいらっしゃるかもしれません。ですが、実際はそうではありません。村内の全てのかかしは、綾野月見さんという一人の作家によって生み出された作品なのです。

彼女は、これまでに350体以上ものかかしを作ってきたといいます。その動機は「個人の趣味だから」として詳しくは明かされていませんが、世界中の人々に限界集落について考えさせ、心を動かしたその仕事は、日本の未来に大いに影響を与えるかもしれません。

香川

金《こ》刀《と》比《ひ》羅《ら》宮《ぐう》

外国人観光客の少ない穴場の古刹

四国八十八ヶ所遍路は、日本のみならず海外でも広く知られています。四国という広大な島をめぐる過酷な旅は有名でありながら、秘める使命の大きさを感じさせるものとして畏怖《いふ》の対象にすらなります。多くの人にとっては「巡礼の道」となるお遍路ですが、同時に四国のあちらこちらに点在する神社をめぐることで、土地ごとの文化や自然を感じられる文化人類学的な旅ともいうことができます。

金刀比羅宮は香川県琴平《ことひら》町の象頭山《ぞうずさん》に鎮座する神社です。全国に点在する金毘羅《こんぴら》神社の総本宮となっ

香川　金刀比羅宮　（公社）香川県観光協会提供

ています。本宮に祀られている祭神は大物主《おおものぬしのかみ》神と崇徳天皇。古くから農業・殖産・医薬・海上守護の神として信仰されています。本宮の金幣《きんぺい》、「幸福の黄色いお守り」、蹴鞠《けまり》、門前町から本宮までの785段の階段、「こんぴら狗」などが有名です。

人気の理由

全国の神社仏閣の例にもれず、日本の宗教的な雰囲気を色濃く感じられる金刀比羅宮は、毎年大勢の観光客であふれかえっています。また、ここで見られる伝統的な儀式や伝統建築の工法などは、多くの外国人観光客の心をわしづかみにしているようです。

例えば、ある外国メディアによる金刀比羅宮の紹介では、「金毘羅船船《ふねふね》」を紹介しています。「金毘羅船船」は、芸妓《げいこ》が酒盛りの一環としてよく披露する酒飲み唄です。この歌の歌詞は、金毘羅で売っている伝統的な扇子にも書かれており、四国を囲む時々危険な海域を航行する船を守るよう神に訴えています。

神社仏閣と言えば京都や奈良が有名ですが、大勢の外国人観光客が押しかけるため、日本的な雰囲気を阻害していると感じる人もいます。一方で、金刀比羅宮は比較的外国人観光客が少ないために、日本古来の信仰の雰囲気を感じられると好む外国人もいるのです。

注目ポイント

日本の伝統的な和の雰囲気が色濃く感じられることはもちろん、この山を取り巻く深い自然にも注目したいところです。人工の建築物と自然が一体となり、調和した雰囲気を感じられる場所は、全国広しといえどもそう多くはありません。加えて比較的アクセスがしやすいのもポイントです。蹴鞠など伝統行事のイベントがある日を狙って訪問すると、さらに楽しめるかもしれません。

高知　モネの庭

フランスと高知にしかない「睡蓮」の世界

モネといえば、多くの人があの印象派独特の「睡《すい》蓮《れん》」の絵を見たことがあるのではないでしょうか。淡くぼんやりとしているのに、見れば不思議と目を奪われ、心に残るあの睡蓮の庭の世界に入りこめる場所が日本にあるのをご存じでしょうか？

それが、高知にある北川村《きたがわむら》「モネの庭」マルモッタンです。この施設は外国人観光客に非常な人気がありますが、彼らは何を求めてモネの庭を訪れるのか、確認していきましょう。

高知　モネの庭　提供：高知県観光コンベンション協会

人気の理由

実は高知のモネの庭は、クロード・モネが「睡蓮」を描いたジヴェルニーの庭園以外で、クロード・モネ財団から唯一「モネ」の名を冠《かん》することを公認された庭園なのです。モネの世界観を体感するためには、ジヴェルニーの庭園か高知に来るしかないのです。世界各地に無数にいるモネのファンが訪れるので、人気スポットになるのは当然といえましょう。

モネ自身が日本から大きな影響を受けていたので、外国人観光客にとっては、ジヴェルニーの庭園を見るより日本で見るモネ風の庭の方が、一層感性を刺激されるのかもしれません。

注目ポイント

モネの庭は、モネがこよなく愛したフランス・ジヴェルニーの庭をモデルに作られていて、庭園を歩くたびにモネが愛した景色を辿ることができます。洋風な雰囲気を感じさせつつ、藤などの花にどこか和のテイストを感じる眺めは、まさしくジャポニスムの影響を受けたモネの絵画そのものの世界で、モネの絵の中に吸い込まれてしまったのではないかと勘違いしてしまうほどです。

モネの庭には大きく分けて3つの見どころがあります。1つ目は「水の庭」です。このゾーンはもっとも有名な「睡蓮」をイメージして作られた庭です。太鼓橋の周りの藤の花、桜、柳などが楽しめます。

2つ目は、「ボルディゲラの庭」という、モネがかつて旅した地中海の樹木などをモチーフとした庭です。ゆずなどの柑橘類やタイキン菊など、高知ならではの花々が用いられているのが特徴で、フランスにもない唯一無二の庭となっています。

最後に3つ目は「花の庭」です。名前の通り薔薇《ばら》のアーチをはじめ、季節毎に何種類もの花が見られます。

秋~冬の時期は週末限定のイベントとしてライトアップをすることもあり、インスタ映えを目当てに訪れる人も近年はいるといいます。

高知とは思えないほどヨーロッパの風を感じるモネの庭、日本人こそ訪れてみてはいかがでしょうか。

愛媛

臥龍山荘《がりゅうさんそう》

京都でないからこそ完成した
最高の茶室

「臥龍山荘」は茶室建築の最高峰といわれている愛媛の建造物です。肱川《ひじかわ》流域の景勝地「臥龍淵《がりゅうのふち》」に臨む3000坪の山荘で、臥龍院《がりゅういん》・知止庵《ちしあん》・不老庵《ふろうあん》から構成されています。

黒川紀章《くろかわきしょう》や隈研吾《くまけんご》など著名な建築家が訪れ絶賛した建築物で、その数寄屋《すきや》建築は、日本の建築様式の中でも特に風流で繊細な美しさを持ちます。

特に臥龍院は、主人である河内寅次郎氏が構想に10年もの歳月を要したといわれ、明治以降、河内氏

愛媛　臥龍山荘　（一社）愛媛県観光物産協会提供

が自然荒廃した地域一帯を購入し、材料も一級品なら大工も名工という贅沢《ぜいたく》な布陣で、京都の茶室研究家らの助言を受けながら完成に至りました。京都のような建築の制約がなかったために自由な構造が実現でき、侘《わ》び寂《さ》びの表現や季節のテーマを取り入れた装飾、隣の部屋の光が差し込む造作など、それぞれの空間に匠《たくみ》の発想力が活きています。

人気の理由

２０１１年に発表された「ミシュラン・グリーンガイド・ジャポン」で一つ星を獲得したのをきっかけに、世界的に評価の高い建造物として国内外の注目を集めました。大洲《おおず》市や愛媛県の指定文化財に選ばれ、２０１６年には３つの建物が国の重要文化財に指定されました。

いわゆる「侘び寂び」など、日本特有の文化（ジャポニスム）を感じられるような風流なたたずまいが評価されています。

注目ポイント

臥龍山荘それ自体はもちろんですが、気品に満ちた庭園も見逃すことはできません。深い緑の苔《こけ》が地面や石積みを覆い、石積みからは木々が繁茂しています。遠方の山々の緑、そして肱川も借景《しゃっけい》として、庭園の一部となっています。また、庭園の奥には茶室が佇み、日本古来の侘びと寂びの情緒にあふれた情景を楽しめます。

もちろん、この庭園は季節によって姿を変えていき、春は植物たちの息遣いと鳥のさえずりが、夏には生き生きと生い茂った緑が、秋には燃えるような紅葉が、冬には一面を染め上げる雪景色が、それぞれ魅力的です。

四季

みなさんは春、夏、秋、冬といえば、それぞれ何が思い浮かびますか？

春と言えば桜、夏は海、秋は紅葉、冬は雪を想像した方が多いのではないでしょうか。このように、それぞれの季節を象徴する景物が存在する国はそう多くありません。

もちろん日本と同じくらいの緯度であれば四季はあります。ですが、日本ほど季節の移ろいを楽しみ、大切にする国は少ないので、四季を楽しむのは日本独自の文化と言えるでしょう。

外国にもspring（春）、summer（夏）、autumn（秋）、winter（冬）以外にも季節を表す言葉がありますｂ。しかし、日本ほど豊富ではありません。

他方で、日本では古くから俳句で使う季語が多く存在し、数え切れないほど多くの言葉に季節感を見出してきました。

例えば、「せみしぐれ」という季語。せみがあちこちで盛んに鳴いている様子を表したこの言葉には「夏」という単語は含まれていません。ですが、「せみしぐれ」と聞くと、みなさんの脳裏にはきっと、じっとりとした暑さと激しい日差しが思い浮かぶのではないでしょうか。せみが盛んに鳴く様子が、夏の陽気と結びついているから起きる現象ですよね。他にも、手紙の初めには時候の挨拶を書きますが、それも季節の移り変わりを一文で感じられる仕組みですよね。

四季は言葉だけでなく、生活のあちこちから感じられます。料理がその好例です。外国人観光客の一番の目当ては日本食だそうです。理由は、食べ物が新鮮で品質が良く、見た目が美しく、味が美味しいから。和食は見た目から季節のうつろいを表現することが特徴で、旬の食材を使用するのはもちろん、料理を盛り付ける器も工夫し、季節の花や葉も飾りつけとして使われます。

２０１３年には日本の伝統的な食文化として和食がユネスコ無形文化遺産に登録されました。和菓子も和食と同じく味覚と視覚の両方から楽しめて、四季との結びつきが強いです。

日本ほど季節のうつろいを感じて楽しむ国は他にはないでしょう。みなさんも日常の中に溶け込んだ四季を、もう一度見直してみてはいかがでしょうか。

木造建築

日本では木造建築が古くから主流です。世界最古の木造建築物としては法隆寺がよく知られています。一方で、外国では石造建築が基本となっています。エジプトのピラミッドやギリシャのパルテノン神殿、ローマのコロッセオなど、すべて石造です。

どうして日本と外国で建物の材質がこんなにも違ってくるのでしょうか。また、日本はどのような技術を使って、木造建築物を長期間維持してきたのでしょうか。

日本で木材が使われる理由は単純で、木材が手に入りやすいからです。加工がしやすく軽いことから、古くから住宅の建材として木材が利用されていました。さらに木造建築は通気性に優れており耐震性もあるため、湿度が高く地震の多い日本には適しています。

それに対して外国では湿度が低めで、通気性を心配する必要がないため石造りの建築が主流となりました。石造建築は耐久性に優れ、１００年単位で見てもあまり劣化しないので、長期にわたって住み続けられます。一方、石は重く耐震性がないため、地震で建物が崩れることも少なくありません。

技術に着目すると、日本の木造建築の特筆すべき技術として木組みが挙げられます。日本の伝統的工法で、釘などの金物を使わず木材だけで建物を組み上げる精密な技術です。木材の端部を複雑な形状に刻んで加工し、お互いをはめ合わせることでがっちりと固定させます。木組みの建物は金物を使わないにもかかわらず、非常に高い耐久性・耐震性を持ちます。この技術は法隆寺や五重塔だけでなく、東京スカイツリーの建設にも応用されました。

その代表的な建築物が山口県にある錦帯橋《きんたいきょう》です。錦帯橋を支える構造部分は、すべて日本古来の継《つぎ》手《て》や仕口《しくち》を使った精緻な木組みで作られており、ここには一本の釘も使われていません。

日本の木造建築技術は外国の人たちにも人気があり、外国人向けの住宅やリゾートホテルを和風建築にアレンジしたものが多くの場所に存在しています。

第6章

九州・沖縄の知られざる観光名所

九州といえば温泉、方言、博多ラーメン……きっとこんなイメージですよね。これらは九州のすばらしいアピールポイントです。しかし、九州には通り一遍のイメージでは語り尽くせない、知られざる魅力がたくさんあるのです。沖縄についても同様です。外国人観光客の目を借りて、今まで知らなかった九州・沖縄の観光地を探検していきましょう。

例えば、景色を楽しみたい人に九州は一押しです。千紫万紅という言葉がぴったりの四季それぞれの花が咲くからです。この多様性の理由は気候にあるのかもしれません。暖かなイメージが九州にはあるかと思いますし、それは間違っていないのですが、1月の平均気温を見ると東京が4・7度なのに対し、佐賀は5・0度、熊本は4・9度と意外に冷え込み、雪が降る場所さえあります。福岡では降雪日が東京の約2倍という年もあるほどで、九州は寒暖差があるので四季の区別がはっきりしているのです。

また、歴史にも目が離せません。長崎の軍艦島《ぐんかんじま》は戦争の跡地として有名ですし、江戸時代の海外との交流窓口だった出島《でじま》を知らない人はいないでしょう。九州・沖縄は海に面した地形から、古くから中国など諸外国との交流窓口としての機能を果たしてきました。興味深いことに、今でも積極的なインバウンド政策が九州各地で取り入れられています。他の地域とインバウンド政策を比較する、という本章の読み方もぜひ試していただきたいと思います。

定番スポットが多数あるがゆえに、ついつい固定観念で考えてしまう九州・沖縄観光。外国人観光客に人気の理由がどこにあるのかを考えることで、今まで気づかなかった側面に光を当てていきたいと思います。

福岡

河《か》内《わち》藤《ふじ》園《えん》

日本らしさを感じさせる藤の花

みなさんは藤の花を見たことがありますか？　藤の花は、小さな淡い紫色の花が束になり、ブドウのような見た目をしたどこか妖艶《ようえん》な花です。この藤の花が大量に咲く、福岡県にある「河内藤園」が今、外国人からホットな観光地として脚光を浴びています。

第2章で取り上げた栃木県のあしかがフラワーパークも藤の花で有名ですが、河内藤園は人気のあまり完全予約制になっているというから驚きです。外国人観光客はいったいなぜ河内藤園を訪れるのでし

福岡　河内藤園　写真 AC より

ょうか？

人気の理由

そもそもなぜ河内藤園が有名になったのでしょうか。

アメリカのCNNで「日本の最も美しい場所31選」に選ばれたことが、その直接の要因です。一番美しく咲く4月下旬から5月中旬には、薄紫、白、ピンクなど、バラエティ豊かな約22種類もの藤の花で3000坪が埋め尽くされます。まさに圧巻です。

近年の流行でいうと、『鬼滅の刃』の大ヒットも関係があるのかもしれません。海外で絶大な人気を誇る『鬼滅の刃』の作品の中で藤の花がたびたび登場するのです。アニメや漫画で知った藤の花がどのようなものなのか、実際に自分の目で確かめたくなってはるばる外国から訪れた人もいるのではないかと想像が膨らみます。

注目ポイント

この藤園、最大の見どころは長さ約80メートルと110メートルの2種類の藤の花のトンネルです。どこをみわたしても藤の花に囲まれ、華やかで上品な香りに包まれる体験はここでしかできないものです。

春ごろの藤の花のピークがすぎても、河内藤園には別の良さもあります。11月中旬から12月上旬にかけては、約７００本の紅葉やカエデの紅葉が美しいのです。

また、目で見て楽しむだけではなく、歴史も魅力の一つです。創設者である樋口正男が、小学生の頃に読んだ本に感銘を受け「俺も何か一つこの世に生きた証を残したい」と考えたところから藤園は始まりました。戦争を乗り越え、仕事も生活も落ち着いた頃、「この雑木の山に美しい藤を植え、みんなに見に来てもらえる藤園を造りたい」と決意し、庭という形で少年の頃に思い描いた、生きた証を残したのです。開墾《かいこん》してから50年たった今、最も古い藤の木は樹齢１２０年を超える大藤へと成長しました。一人の少年の夢から始まったという誕生秘話を知っていると、時代が育てた荘厳でどこか凛とした雰囲気がより一層身に沁《し》みます。

日本でしか感じられない、言葉にするのは難しい「和」の雰囲気を全身で堪能できる河内藤園。ぜひ足を運んでみてはいかがでしょうか。

福岡

南蔵院《なんぞういん》の釈迦涅槃像《しゃかねはんぞう》

宝くじを当てた世界最大級の仏像

福岡県篠栗町《ささぐりまち》の寺院「南蔵院」にある釈迦涅槃像は全長41メートルもある巨大な仏像です。自由の女神像とほぼ同じサイズでブロンズ製では世界最大級です。横になっている姿のユニークさとともに「ささぐりのねぼとけさん」として親しまれています。

大きな足の裏には一つ一つが意味を持つ模様が彫られ、釈迦涅槃像の前に並ぶ仏像「五百羅漢」とともにじっくり眺める楽しみもあります。

福岡　南蔵院の釈迦涅槃像　写真ACより

南蔵院は長年にわたり、ミャンマー、ネパールなど東南アジアの子供たちに医薬品や文房具などを送り続けてきました。その返礼として1988年、ミャンマー国仏教会議により、仏舎利（釈迦の遺骨）の贈呈《ぞうてい》を受けています。この仏舎利を安置する場所として建立されたのが、この釈迦涅槃像。仏教的にもかなり重要な施設です。

人気の理由

特にベトナムやタイなど東南アジアの仏教が盛んな国の観光客が多いのが特徴です。釈迦が寝た姿の釈迦涅槃像は、日本で主流の立ち姿の仏像より彼らが信仰する上座部仏教に近いのが一因とも考えられます。もちろん仏教国以外からの来訪者もあります。40メートルを超える巨大な人の像が寝ているのは、仏教に興味がない人でも興味深いのでしょう。

注目ポイント

1995年6月、南蔵院林《はやし》住職がジャンボ宝くじで1等前後賞1億3000万円に当選し、釈迦涅槃像のご利益として話題になりました。その後も何度もお寺に来た人が高額当選をしていることから、今ではパワースポットとしても広く知られています。

熊本

山鹿灯籠《やまがとうろう》まつり

日本より世界で有名な夏祭り

日本の夏の風物詩といわれて、何を連想しますか？　代表的なものは花火ですね。外国人観光客にもとても人気です。

ところで、九州の夏の風物詩を聞かれて、すぐに答えられる方はいらっしゃるでしょうか。おそらく少ないはずです。しかし、日本での知名度は今一つながら、外国人の間では非常に有名な九州の夏の風物詩があるのです。それが「山鹿灯籠まつり」です。

熊本　山鹿灯籠まつり　山鹿探訪なびより

一体、どんなお祭りなのでしょうか。

人気の理由

山鹿灯籠まつりは、山鹿の町一帯を幻想的な光が包み込むお祭りで、メインイベントとして頭に金灯籠をのせた浴衣姿の女性およそ1000人が舞う千人灯籠踊りが行われます。灯籠とは、お寺や神社などで見かける昔ながらの照明ですが、千人灯籠踊りでは小さな金色の灯籠が用いられます。ゆったりとした「よへほ節」にのせて、ゆらゆらと穏やかに輝く千の金灯籠が足並みをそろえて動く光景はまさに絶景です。

祭り自体は2日間かけて行われますが、メインイベントの他にもさまざまな催しがあり、飽きることなく充実した2日間が過ごせるはずです。

日本ではあまり有名ではないですが、イギリスの国営放送BBCでも取り上げられるほど外国では人気のイベントなのです。

注目ポイント

祭りで使われる灯籠は山鹿灯籠といいます。山鹿灯籠は室町時代から続く、釘を使わず糊と手漉きの和紙だけで制作される伝統工芸品です。この灯籠には厳密な作り方があり、木や金具を使わず、和紙と少量の糊だけでつくる、柱などは全て空洞にするなどのルールを守ったものだけが山鹿灯籠と呼ばれます。全て灯籠師の手作りで、灯籠師になるには10年以上の修練が必要で、正式な灯籠師は現在8名しかいません。金灯籠は華やかな見た目からは想像できないほど軽いので、千人灯籠踊りで頭の上にのせて踊ることができるのです。

外国人観光客は、このような先人たちが積み上げてきた伝統に価値を感じ、国外からはるばる山鹿に足を運ぶのです。

佐賀 有田

陶磁器の町から爆買いの町へ

みなさんは、有田町と聞いて何を思い浮かべますか？

おそらくほとんどの方が、学校で習った有田焼を思い浮かべるはずです。多くの日本人にとっては「伝統工芸品がある町」が有田のイメージではないでしょうか。

そんな有田町、実は今、外国人観光客に人気のスポットとなっているのです。はるばる海外から有田に、何をしに来ているのでしょうか？

佐賀　有田　佐賀県観光連盟提供

人気の理由

有田を訪れる外国人の大半は中国から来ています。その人気ぶりは、中国人専用のツアーバスが有田町にズラリと並ぶほどです。

特に人気のスポットは「有田ポーセリンパーク」です。ポーセリンとは英語で「磁器」で、つまり磁器の公園という意味になります。洋風の建造物がシンボリックな公園ですが、実は有田焼の歴史と密接な関わりがあるのです。

17世紀、オランダの東インド会社によってヨーロッパに輸出されていた有田焼は、世界にその名を轟《とどろ》かせ、有田が世界の磁器生産の中核地となっていたこともありました。

時代を隔《へだ》てて1975年、ドイツにあるドレスデン博物館が秘蔵していた有田焼が日本に返還され、福岡大博覧会において「古伊万里里帰り展」が開催され、これを機に有田町とドレスデン市が姉妹都市に認定されました。こうしたきっかけでマイセン市とは長きにわたり交流があり、有田ポーセリンパークは、マイセンにある「ツヴィンガー宮殿」を模して作られました。このような歴史があるので、洋風の公園が有田町に存在するのです。

しかし、有田を訪れる中国人は日本に洋風建築を見るためだけに来ているのではありません。ポーセリンパークを退園するとき、両手にたくさんの荷物を持っている観光客の姿が目立ちます。そう、メインの目的は「爆買い」なんです。ポーセリンパークでは家電、化粧品、高級品、さらには食品まで売られており、買い物に来るのが中国人の目的なのです。

それまでの陶磁器をアピールした観光に伸び悩みを感じた有田町は、インバウンドの需要に目を向け、確実なビジネスポイントを生み出したのです。交通の便がいいことも成長の鍵でした。ツアーの途中に寄りやすい立地の良さがプラスに働いたのです。

注目ポイント

伝統だけを押し売りせずに、ビジネスと上手く折り合いをつける姿勢はこれからの観光に重要な視点ではないかと思います。例えば同じ佐賀県内では映画のロケ地として国外のメディアに取り上げてもらい、誘致するという策が成功した例があります。次に紹介する日本三大稲荷の一つ、祐徳稲荷神社がそれで、タイの映画の舞台となった結果、今ではタイで知られた有名スポットとなっています。タイに続いてフィリピンの映画にも使われ、聖地巡礼で活況を呈しています。

ちなみに有田は九州なのに積雪が多い地域で、冬には雪景色も楽しめます。

佐賀

祐徳稲荷神社《ゆうとくいなりじんじゃ》

タイで有名な日本の神社

佐賀で有名な神社といったって、多くの日本人にとっては、そこまで有名な所ではないでしょう。しかし今、ある神社が外国人の間でとてもホットなんです。その神社が「祐徳稲荷神社」。果たして、なぜこんなにも人気なのでしょうか？

人気の理由

観光客といっても、世界のあらゆる国の人が訪れているわけではありません。実は、特にタイ人から絶大な人気を誇っています。その理由は、タイの映

佐賀　祐徳稲荷神社　佐賀県観光連盟提供

画やドラマのロケ地として使われたからです。つまり「聖地」として人気があるのです。青春映画『タイムライン』、ドラマ『きもの秘伝』、ドラマ『ＳＴＡＹ』などで祐徳稲荷神社がロケ地として使われました。こうして佐賀県はタイ人観光客の誘致に成功したのです。

コロナ禍の影響で一時、外国人観光客の客足が減ってしまいましたが、その対策としてプロジェクションマッピングを用いたイベントを行い、狐の嫁入りなどの和のモチーフに日本らしさを感じられると、こちらも話題となっています。

注目ポイント

祐徳稲荷神社の由来は諸説ありますが日本三大稲荷の一つといわれることもある神社です。年間３００万人もの人が商売繁昌、家運繁栄、大漁満足、交通安全等種々の祈願に訪れます。

日本庭園もあり、季節によって異なる花が咲いているため、インスタグラムの映えスポットとしても人気があります。日本人もタイの映画やドラマを見てから祐徳稲荷神社を訪れると、より一層楽しみが広がるかもしれません。

長崎

軍艦島《ぐんかんじま》

栄枯盛衰の歴史を語る世界遺産

長崎県には無数の離島がありますが、最も有名なのは「軍艦島」でしょう。２０１５年に世界遺産にも登録されているこの島、いま国外からの注目を浴びる観光地となっています。日本人にとってメジャーな観光地ではありませんが、国外ではどのような認識をされ、魅力を放っているのでしょうか？

人気の理由

海外サイトで特集が組まれるほど、軍艦島の歴史は関心を持たれています。

長崎　軍艦島　© 長崎県観光連盟

石炭採掘の中心地であった軍艦島はかつて非常に栄えていました。0・063平方キロメートルという狭い島に最盛期は約5300人も住んでいて、東京都の17・5倍以上の人口密度だというから驚きです。国内最古の高層鉄筋コンクリートアパートが作られたのも軍艦島でした。一例に過ぎませんが、テレビの普及率からもその繁栄ぶりが確認できます。1960年当時、カラーテレビ放送が始まった年の全国普及率は約10％で、その頃の軍艦島での普及率はほぼ100％。ここからわかるように、軍艦島は石炭産業の時代を象徴する存在だったのです。

しかし、熱狂も終わりを迎えます。その一番の原因はエネルギー革命です。軍艦島は石炭の採掘で栄えていましたが、石炭から石油に主要エネルギーが変わったことで、経済的に困窮します。1974年1月15日には閉山し、4月20日には全ての住人が島を離れました。その結果、無人島に暮らしの跡だけが残った街、「ゴーストタウン」となったのです。

そして、戦争の生々しい跡が残っているのも軍艦島の特徴です。第二次世界大戦当時、日本が朝鮮人や中国人に強制労働をさせましたが、その現場が軍艦島です。植民地支配と侵略戦争を背景とした大日本帝国の支配の象徴として、凄惨な過去を物語っているのです。

もちろん、岩礁《がんしょう》の防空壕、迷彩塗装、砲弾など物理的な戦争跡も残っています。

注目ポイント

最近では、海外で絶大な人気を誇る『進撃の巨人』の実写映画『進撃の巨人　Attack On Taitan』のロケ地に軍艦島が使われたことも、軍艦島の外国人気に拍車をかけたのは間違いありません。

コロナ禍後のインバウンド増加に積極的に対応している点も、興味深いポイントです。

歴史を尊重して向き合いつつ、同時に時代に合わせて観光地として変化を拒まない軍艦島は、ますます日本を代表する観光地となっていくでしょう。

鹿児島

桜島

火山と人の共生に世界が注目

鹿児島の観光スポットといえば「桜島」です。霧《きり》島《しま》錦江湾《きんこうわん》国立公園にある世界有数の活火山・桜島は鹿児島のシンボル的存在で日本人にも人気ですが、実は今、世界的に注目されているのをご存じでしょうか。

桜島には今も約４５００人が暮らしています。単体の山のように見えますが、北岳と南岳という２つの火山が南北に連なった複合火山です。最高峰の北岳の標高は１１１７メートルで、今から約２万６０００年前に誕生しました。そこから大規模な噴火を

鹿児島　桜島　写真ACより

17回繰り返し、現在の姿になっています。今でも毎日のように小規模な噴火を繰り返しており、年間200回程の噴火があるといわれています。
これが、世界が桜島に注目する理由です。

人気の理由

活火山として現在も活発な噴火活動を続けているのに、そのふもとで人々が暮らしている、そんな不思議な空間が「火山と人の共存」という観点から興味深く、それを見に世界中から桜島を訪れる人がいるのです。
海外のサイトを見ても、アクセスが非常にしにくいというコメントが多いですが、それでも見る価値があるという意見が多数派です。危険と隣り合わせの場所は魅力的に映るのでしょうか。活発に活動を続ける火山と、そこで力強く生活を続ける人々の暮らし――このコントラストが人を惹きつけるのです。

注目ポイント

桜島観光のポイントは2つです。

1つ目は、鹿児島市中心部から桜島の様子を一望できる「城山」。標高107メートルの小高い丘である城山は、1877年に西南戦争最後の激戦地となり、西郷隆盛が自決した場所としても知られています。城山展望台に到着すると、雄大な桜島を望むことができます。

2つ目は、フェリーで桜島まで渡った北岳の4合目にある「湯之平展望所」。島内で最も高い場所にある展望台で、噴火口を近くで見学することができます。運よく噴火を目撃できると、噴煙が何千メートルも上空に打ち上げられるダイナミックな光景が期待できるそうです。

桜島には全長100メートルの日本最大級の長さを誇る足湯があり、外国人からは足湯でリラックスできるという評価も多いです。裸で入る温泉に抵抗がある外国人にとっては、足湯で少し温泉を体験できるのもいいのかもしれませんね。

大分

金鱗湖《きんりんこ》

温泉地ならではの絶景の湖

「おんせん県」として有名な大分県。外国人に人気のスポットもやはり温泉なのかと思いきや、「金鱗湖」が人気です。金鱗湖は由布岳《ゆふ》の下にある湖。泳ぐ魚の鱗が夕日で金色に輝いていたことが金鱗湖という名前の由来です。

湖上には鳥居が建てられており、不思議な美しさが感じられます。この鳥居は湖畔《こはん》にある天祖《てんそ》神社のもので、金鱗湖にまつわる伝説に登場する神さまが祀られています。その伝説とは「もともと今より大きな湖だった金鱗湖が地形の変動によって湖水が減

大分　金鱗湖　公益社団法人ツーリズムおおいたウェブサイトより

少した際、棲《す》んでいた龍神が苦しみ、天祖神へ『この湖を残してくれれば、代わりに清水を湧き出させてこの地を護る』と誓いを立てた」というもの。

人気の理由

金鱗湖が好まれる理由は何よりも景観の美しさです。木々に囲まれている金鱗湖は紅葉の名所でもあり、シーズンには多くの観光客が訪れます。秋から冬の早朝には湖面に湯気が立ち、幻想的な朝霧に包まれます。湧き水と温泉水の両方が流れ込む金鱗湖ならではの現象で、これを目当てに訪れる外国人観光客が多いのです。

また、湖面に反射する夕日の美しさも評判で、早朝もしくは夕方に見に行くことが推奨されています。周囲には散策できる遊歩道もあるため、水鳥や魚の戯《たわむ》れる様子や、自然豊かな景色を眺めながら散歩できます。

注目ポイント

近くにあるマルク・シャガールゆふいん金鱗湖美術館も訪れるべきスポットです。湯布院にゆかりのあるシャガールの作品がたくさん展示されています。

宮崎

高《たか》千《ち》穂《ほ》峡《きょう》

日本神話で世界にアピール

九州山地の山間にある小さな集落「高千穂町」。町域の大半を農地と山林が占める一方で、肝心の農業の後継者は減り、若年層の流出が続く、典型的な過疎・高齢化の町です。この寂《さび》れゆく町に、大きな観光資源となる名勝があります。それが高千穂峡です。

高千穂峡は阿蘇《あそ》山の火山活動で噴出した火砕流が固まった跡を川が浸食し、柱状節理《ちゅうじょうせつり》が連なる渓谷《けいこく》で、平均高さ約80メートル、東西約7キロにも及びます。1934年に国の名勝天然記念物に、1965年に国定公園に指定されました。

宮崎　高千穂峡　高千穂町観光協会ウェブサイトより

高千穂峡は九州でも代表的なパワースポットとして昔から有名でしたが、これまでは移動中の通過地点とされることが多かったそうです。しかし、高千穂町観光協会が外国人をターゲットとしたインバウンドの施策に乗り出し、2017年以降、その結果が現れることとなりました。「神話の里」として外国人に大人気の観光地に一変したのです。

人気の理由

宮崎県は『古事記』や『日本書紀』に記された日本発祥にまつわる日向神話の舞台で、多くの神話や伝承、それらにちなんだ伝統文化やゆかりの地が数多く残されています。高千穂も日本創生の様子を物語る「日本神話」に縁がある土地として知られ、高千穂町観光協会はこの「神話」に着目して外国人への訴求を行いました。

その結果、台湾・香港・中国といったアジアからの旅行者以外に、フランス・オーストラリアからの旅行客も一定数訪れているそうです。地元の観光局では「フランス人はもともと日本文化への興味・関心が高く、高千穂町が訴求したい「神話」を理解し周遊してくれる可能性が高いのではないか」と仮説を立て、積極的な観光スポット化を目指しています。

自然あふれる観光スポットでもあるので、神話と大自然を同時に体感できるのも魅力です。

注目ポイント

高千穂峡にいくならば必ず訪れてほしいのが「真名井《まない》の滝」です。約17メートルの高さを誇る名瀑《めいばく》で、水面に叩きつけるように落ちていく水の勢いとその美しさは必見で、そのダイナミックな流れを収めようと多くの写真家が訪れます。

外国人にも「真名井の滝」は、貸しボートに乗って楽しむなどアトラクションが特に人気で、2022年度は約5万5000艘《そう》の利用があったそうです。多くの日本人が景色や風景を好むのに対し、遊び要素のあるアトラクションを好む外国人という違いが面白いですね。

沖縄

水納島《みんなしま》

人口50人あまりの島に年間6万人を呼ぶ虹のような海

沖縄県には大小さまざまな島があります。その数なんと691個。実に700島近くもの島々の集合体が沖縄なのです。そうした島の中には、有人島も無人島もあります。

「水納島」は有人島ですが、その人口はわずか50名あまりの小さな島です。しかし、この島を訪れる観光客数は国内外を合わせると年間6万人以上。島の人口の1200倍の人々が毎年水納島の海を目当てに訪れます。実はいま大変注目のビーチスポットな

沖縄　水納島　一般社団法人本部町観光協会提供

のです。

人気の理由

水納島はアクセス良好で、フェリーに乗れば沖縄本島から15分ほどで着いてしまいます。美しいエメラルドグリーンの洋上に浮かぶ小さな水納島は、まるで海に浮かぶ小さな宝石のよう。上空から眺めると三日月の形をしているので、英語ではクロワッサンアイランドとも呼ばれるそうです。島の西側には水納ビーチがあり、ここで海遊びを楽しめます。遊泳区域内にもカラフルな熱帯魚が多数泳いでおり、少し水面に顔をつけるだけで南国気分を楽しめること請《う》け合いです。熱帯魚の餌付け体験ができるプランや、バーベキュー付きの体験プランもあります。運がよければウミガメにも出会えます。

青い海、白い砂浜、透き通った海――どこにでもある景色のように日本人は錯覚していますが、これらは多数の島からなる日本列島ならではの特別な自然です。現に、世界中から人々が水納島にやって来るのがその証拠です。ある外国人の方は、この水納島で海遊びをして「ここの海は半透明で、ライトブルーやダークブルーなどさまざまな色に移り変わる。まるで、多くの青色を兼ね備えた水の中の虹を見ているかのようだ」とその美しさを絶賛していました。

注目ポイント

水納島に来て、美しい海に行かない手はありません。ツアーに参加すれば手ぶらでシュノーケリングやダイビングなどに参加し、海を満喫できます。小さい島ですので、島内を散策しても一周するのにさほど時間はかかりません。離島ながら売店設備が充実していて、沖縄本島から食べ物や飲み物などを持ち込まなくていいのも嬉しいポイントですね。海遊びが好きな方なら、一生のうちに一度は訪れたいスポットです。

靴を履き替える文化

日本では家を清潔で安全な場と見なし、畳や床を大切にする文化があります。靴は外から汚れた石や泥を持ち込むことがあるため、家の中では靴を脱ぐことで床や畳を守り、清潔な環境を保つ意識が根づいています。

また、日本の共同住宅やアパートメントでは、隣人への配慮や上下階への騒音防止のためにも靴を脱ぐことが重視されています。日本は高温多湿な島国であるため、家屋は高床式の湿気が抜けやすい構造に設えられています。そのため、玄関にも段差が設けられ、そこで靴を脱ぐという習慣が定着しているのです。

外国に目を転じると、北欧の一部の国では寒冷地であり、ほとんどの家庭が床暖房を入れて過ごします。このような環境では、足元が暖かい状態を保つために靴を脱がずに過ごすことが一般的です。

また、アメリカやカナダなどの一部の国では、広大な敷地や広い玄関エリアがあり、家の中への汚れの持ち込みが少ないため、靴を脱ぐ習慣は一般的ではありません。床への認識も日本と違い、床は道路と同じように多少は汚れている場所で、座る場所ではないという意識があるため、丈夫な床材の使用が一般的で、靴を脱ぐという発想がないのです。

これらの違いは、建築のさまざまなところに細かい差異を生み出します。

みなさんの家のドアは外開きですか？　それとも内開きですか？

日本在住の方なら、ほとんどの方が「外開きの玄関になっている」と答えるでしょう。これは、建築会社や様式によらず、どの家でも必ずそうなっています。仮に内開きにしてしまった場合、玄関のドアを開けるたびに、玄関にそろえた靴がぐちゃぐちゃになってしまいますよね。これを防ぐために、日本式建築の玄関ドアは外開きになっているのです。

このように、靴の脱ぎ履きのような小さな習慣が、玄関の構造などの多くの物事に影響を及ぼすことがわかります。

傘をさす文化

日本では、当たり前のように雨が降ると傘をさします。ですが、多くの外国人は日本に観光に来た際、傘をさす日本人に驚くそうです。

現在、私たち日本人の多くは「洋傘」を使っています。これのルーツは、約４０００年前といわれ、古代エジプトやペルシャなどの彫刻画や壁画に多く描かれています。紀元前7世紀のアッシリアの壁画には、国王の頭上に天蓋《てんがい》のようにかかげてある傘が描かれています。

次に、ヨーロッパでも傘は天蓋から発達しました。傘はヨーロッパで長い間、贅沢品として扱われており富と権力の象徴とされていました。安価な材料で制作され、定額で売り買いされる日本特有の「ビニール傘」を見て驚くヨーロッパ人は多いそうです。

日本に洋傘が導入されたのは１８０４年で、長崎の輸入品目の中に「黄どんす傘一本」と記されているのが、日本における最古の洋傘の記録といわれています。ですが、１８０４年以前には日本独自の「和傘」の文化が発達していました。和傘には多くの種類が存在し、「京和傘」「番傘」「蛇の目傘」などがあります。

次に天気の違いに焦点を当てます。北欧では基本的に夏後半から秋には雨が降りやすく、他の時期は比較的雨が降らないそうです。イギリスなどでは日本のように1日中雨が降ることが少なく、大抵15分ほどで雨は止むか弱まることがほとんどで、そのため雨がひどくても5分から10分ほど様子を見てから外に出る人が多いのです。

一方、日本には梅雨《つゆ》が存在し、夏頃に台風に襲われます。もちろん夏以外もたくさんの雨が降ります。そのため、多くの人が毎朝天気予報をみて傘を持って行く必要があるか判断します。この気候による雨の頻度の違いが、傘の使用頻度の差につながっていると推測できます。

また多くの外国人にとって雨は「ウェザープルーフのコートやジャケットを着る」だけで防げる程度のものというイメージがあるようです。雨の日にわざわざ傘をさす文化が生まれなかったので、北欧やヨーロッパ出身者から見ると日本人の傘文化は驚かれるのだそうです。

おわりに

「日本に行ったら、栃木のあしかがフラワーパークを見てみたいな」

筆者が外国の知人に言われた、この言葉が本書を書くきっかけです。東京でも京都でもなく、はるばる栃木に行きたい——そもそも日本に行ったことがない外国の方から「あしかがフラワーパーク」という名前が出てくることからして意外でした。そして、日本人が想像する「外国人が行きたい日本」のイメージが今や間違っていると気づいたのです。そもそも、あしかがフラワーパークに行ったことがある、あるいは行きたいと思った日本人がどれだけいるでしょうか。ある面では、日本人より外国人の方が日本について詳しく知っているのかもしれない、そう思って調査した結果が本書です。

日本人が想像する「外国人に人気の観光スポット」は未だに東京、大阪、福岡といった大都市や、北海道などの有名な大自然だと思います。もちろん、これらの大都市は交通の便がよく、外国人に向けた積極的な誘致や便利な多言語対応を行っているのは事実です。

しかし「はじめに」でも触れたように、『ニューヨーク・タイムズ』が「2023年は盛岡が熱い」と紹介すると地元の人が驚くほどの外国人が盛岡に訪れるなど、日本の観光は今、大きな変化を見せています。国土交通省の調査によると、近年の宿泊観光旅行は団体旅行が減少し、家族や知人・友人と一緒に旅行をする傾向にあり、旅行形態は個人化、小グループ化の傾向が強まっています。そのため、定番ルートを気にすることなく、ありのままの日本に触れることがより容易になりました。

特に観光地化されていない島観光などが人気になった理由は、地元の人と触れ合うことができたり、日本の自然をそのまま体験できたりする魅力にあります。また、SNSで個人が気軽に発信できる世の中になり、今まで知られていなかった新たなスポットが発見され、日本人の知らないところで海外人気が高まっていた、というケースも多々あります。

日本にはたくさんの魅力があります。しかし、その魅力はもしかしたら、その地に住む人間には近すぎて見えないところにもあるのかもしれません。日本という国をありのまま、フラットな目線で観察し、驚きと学びを与えてくれる外国人観光客は今後の日本の観光業界に、そして日本にとって、ますます大事な存在となっていくことでしょう。

執筆協力者一覧

出雲楓乃
原田怜歩
布施川天馬
塚原健介
中村由弥
稲見空
竹下奈菜
丸山惠瑚
宍戸ちひろ
中江壱成
西田花梨
山岸ゆい
橋本京采
成田心々菜
田邉実佑
吉岡冬馬
長谷川桃子

星海社新書 30

外国人《がいこくじん》しか知《し》らない日本《にほん》の観光名所《かんこうめいしょ》

二〇二四年七月二二日 第一刷発行

著者 東大《とうだい》カルペ・ディエム

発行者 太田克史《おおたかつし》
編集担当 片倉直弥《かたくらなおや》

発行所 株式会社星海社
〒一一二-〇〇一三
東京都文京区音羽一-一七-一四 音羽YKビル四階
電話 〇三-六九〇二-一七三〇
FAX 〇三-六九〇二-一七三一
https://www.seikaisha.co.jp

発売元 株式会社講談社
〒一一二-八〇〇一
東京都文京区音羽二-一二-二一
(販売) 〇三-五三九五-五八一七
(業務) 〇三-五三九五-三六一五

印刷所 TOPPAN株式会社
製本所 株式会社国宝社

アートディレクター 吉岡秀典《よしおかひでのり》(セプテンバーカウボーイ)
デザイナー 鯉沼恵一《こいぬまけいいち》(ピュープ)
フォントディレクター 紺野慎一《こんのしんいち》
校閲 鷗来堂《おうらいどう》

ISBN978-4-06-536376-8
Printed in Japan

302
SEIKAISHA SHINSHO

次世代による次世代のための

武器としての教養
星海社新書

星海社新書は、困難な時代にあっても前向きに自分の人生を切り開いていこうとする次世代の人間に向けて、ここに創刊いたします。本の力を思いきり信じて、みなさんと一緒に新しい時代の新しい価値観を創っていきたい。若い力で、世界を変えていきたいのです。

本には、その力があります。読者であるあなたが、そこから何かを読み取り、それを自らの血肉にすることができれば、一冊の本の存在によって、あなたの人生は一瞬にして変わってしまうでしょう。思考が変われば行動が変わり、行動が変われば生き方が変わります。著者をはじめ、本作りに関わる多くの人の想いがそのまま形となった、文化的遺伝子としての本には、大げさではなく、それだけの力が宿っていると思うのです。

沈下していく地盤の上で、他のみんなと一緒に身動きが取れないまま、大きな穴へと落ちていくのか？　それとも、重力に逆らって立ち上がり、前を向いて最前線で戦っていくことを選ぶのか？

星海社新書の目的は、戦うことを選んだ次世代の仲間たちに「武器としての教養」をくばることです。知的好奇心を満たすだけでなく、自らの力で未来を切り開いていくための〝武器〟としても使える知のかたちを、シリーズとしてまとめていきたいと思います。

2011年9月

星海社新書初代編集長　柿内芳文

SEIKAISHA SHINSHO